陳駿：獨步海神花

Jun Chen : Pioneer of California's King Protea

By Chang C. Chen, PhD, JD 邱彰

copyright©2022 by Chang C. Chen

All rights reserved

No part of this book may be reproduced or utilized in any form or by any means, electronic or mechanical, or by any information storage or retrieval system, without written permission from the publisher.

ISBN : 978-1-949736-45-8

Includes bibliographical references.

目錄 | CONTENTS

Herstory: in her own words — 5

Herstory- 美國華人女性口述歷史系列 — 6

序文
    邱彰 談那些陳駿教會我的事 — 10
    James W. Larrick: Protea Jun — 12
    楊珮君的讀後感 — 15
    荊強 看陳駿的詩意生活 — 17

我的平生 — 19

來美之前 — 21

緣分天注定 — 22

在美國紮根 — 27

實驗優生學 — 32

老公好敬業 — 36

傑出的婆家 — 38

優秀的女兒 — 42

我的投資履歷表 — 46
    1. 2000 年，Hayward 的第一桶金 — 46
    2. 繼續投資房地產 — 49
    3. 踢到鐵板 — 50

4. 兩個農莊	50
a) Half Moon Bay 農場	50
b) Mariposa 農場，宛如仙境	54
5. 投資中國房地產	59
6. 在 Palo Alto 買房子	59

獨步海神花	65
研究領域 花費驚人	72
輕鬆養蘭	73
Amazon v Costco	76
加州黑松露第一人	77
故鄉的絲綢	82
規劃老後	86
我們永遠在拯救世界的途中	88
—2018 年 我的不丹之旅	89
—2010 年 印尼之旅	96
—其他項目	98
老公著作等身	102
老公的專利列車	104

"Herstory: in her own words"

Oral History of Chinese American Women Series

Preface

Since 1960, many of Taiwan's elite college women graduates began a movement to study at leading American graduate schools. They are called the Overachiever Generation. The situation changed drastically in 2000 when China emerged as a world economic power. American schools were no longer the only option, and most of Taiwan's youth choose to further their studies and work in China where language and culture are not barriers.

In 2014, I met Dr. Chang Yu-Tung, Director of the National History Museum of Taiwan. Dr. Chang convinced me to curate an exhibition, "Herstory—the Legal History of Chinese American Women." It suddenly dawned on me that I should record the oral history of those groundbreaking Chinese American women whenever I had a chance to meet them for the exhibition.

When I was growing up in Taiwan, I did not see any woman leaders in any profession. But the women I met through the Herstory exhibition were different. They endured the most difficult challenges and they faced hostility and criticism. Eventually, they found creative ways to overcome barriers and made it to the top.

Now, facing the sunset of their lives, how do they help their American born children understand their extraordinary achievements? How do they pass on their experiences and wisdom? Being a member of the Overachiever Generation myself, I passionately want to preserve their legacy and glorious history.

Today, the twelfth printed book in the series of Chinese American Women is published. It is entitled, "Jun Chen : Pioneer of California's King Protea". I hope you will share our joy and help us introduce our series to your younger friends, hopefully to assist them in achieving their goals, to remember the past, and to encourage other Chinese American women to be proud of what we have accomplished.

前言
Herstory-美國華人女性口述歷史系列

從 1960 年開始,一批批台灣最優秀的女性學子至美國求學,沒拿到博士學位的幾乎無顏回家見江東父老。這些留學生世代被稱為「高成就世代」(Overachiever Generation)。

情況到 2000 年起了變化,中國崛起,製造了可觀的經濟機會。到美國留學的中國年輕人愈來愈多,也排擠了台灣年輕人到美國求學的機會,而當年決定留在 美國高就的留學生,除了國籍變更之外,也面臨了文化斷層,沒有台灣年輕人接班了,他們的風光即將埋入歷史。

我也是這群「高成就世代」的人,我常苦思如何在我們因年齡而隨風飄逝之前, 保留住這段輝煌。2014 年,我因緣際會認識了台灣國立歷史博物館館長張譽騰博士, 受邀策展 HERSTORY- 美國華人女性法律史,也因之認識許多傑出的美 國華人女性, 我忽然想到,何不為這些創造歷史的女性錄製口述歷史?

看著她們已經灰白的頭和智慧的眼睛,這群不凡的女性是我在長大時沒在職場看到的。她們當年面對了最艱困的環境以及周遭不懷好意的眼神,卻依舊披荊斬棘、開天闢地,成為各行各業的第一。

她們已經逐漸老去,她們生在美國只會講英文的子女,如何了解母親之不凡?而她們的經驗及智慧又如何承傳?今天年輕的華人女性要在職場出頭天依舊困難重重,這種困難從她們選擇志業的第一天就開始了,誰來指路?我以為這群曾經打破職場玻璃屋頂的女性,她們可以做為年輕一代的典範 (role model) 及指路明燈,她們經驗豐富的歷史可以透過口述及多媒體呈現,傳承下去。

今天，華人女性口述歷史叢書的第十二本《陳駿：獨步海神花》出版了，希望大家分享我們的喜悅，把此系列叢書介紹給年輕的朋友，協助她們立志，介紹給同輩的朋友，讓她們緬懷，介紹給其他華人女性，讓大家同感驕傲。謝謝！

邱彰

2022年於舊金山

美國華人女性口述歷史系列
The Oral History of Chinese American Women Series

1. 居蜜：民國文化傳承
   Chu Mi: A Daughter of the Chinese Republican Era

2. 陳李琬若：第一位美國華人女市長
   Lily Lee Chen：The First Chinese American Woman Mayor

3. 美國中華美食教母江孫芸
   Cecilia Chiang：Godmother of Chinese American Cuisine

4. 黃金女傑林麗娟的傳奇
   Lin Li-Chuan：Pioneer in Gold Commodity Trading

5. 胡匡政：風雨中的仁醫
   Kuang-Chung Hu Chien：The Compassionate Doctor of Harlem

6. 一位改變台灣命運的賢妻：崔蓉芝
   A Good Wife Who Changed Taiwan's Destiny: Helen Liu

7. 居美：驚艷中東
   Mae Chu：Empowering Girls in the Middle East and Beyond

8. 美麗人生：呂秀蓮時空博物館
   A Beautiful Life: Annette Lu Oral History

9. 上海明珠：王詳明口述歷史
   The Pearl of Shanghai：Oral History of Gloria Wang

10. 傷痕文學第一人：陳若曦
    The First Lady of Scar Literature：Lucy Hsiu-Mei Chen

11. 台灣首位喜劇女神：張琍敏
    Taiwan's First Queen of Comedy：Misty Chang

美國華人女性法律史系列
Herstory : The Legal History of Chinese American Women Series

1   Herstory--the Legal History of Chinese American Women (2016)

---

2   Herstory 2--The Legal History of Chinese American Women (2021)

| 作者序 |
邱彰 談那些陳駿教會我的事

第一次見到陳駿，是在她半月灣的農場裡，她忙進忙出，沒停過一分鐘。一般華人很少做到她經營農場的規模，我們頂多在屋裡種種花，在後院開闢個菜園，就可以傲視鄰里了，但陳駿的農場都是動輒十幾畝，要翻山越嶺才能到，買個醬油都要開半個鐘頭的車，陳駿什麼先進的儀器都有，對墾荒這件事甘之如飴。

想到她來美國之前，是個清秀佳人的婦產科醫生，她現在在經營農場、種海神花及黑松露，都是令人瞠目結舌的植物及菌類，她不屈不撓，樂在其中，讓我領悟到人終究是要追求自己的夢想的。

我後來跟陳駿慢慢熟了，我最佩服她經營婚姻的原則，她和先生之間互相尊重、互相幫忙，他們 27 年婚姻的成功，陳駿絕對是最大的功臣。

陳駿有幾個原則，在這兒跟天下女性分享：
1. 婚前女性要有謀生的技能，有自己的錢，
2. 婚後也要有錢，才能中氣十足的講話，
3. 不跟老公伸手要錢，也不管老公的荷包，
4. 老公有夢想時，自己如果有能力，就幫助他實現。

陳駿的老公 Dr. James Larrick 是一個科學家，在創投領域立下了汗馬功勞，他是典型的知識菁英白人，看不起錢，也不會理財，但他所有的理想都需要錢才能實現，這時他碰上了陳駿。

陳駿是典型的中國女性,有點錢就要買房地產,有空就想怎麼賺更多的錢,以前她老公還斥之以鼻,現在他知道了,對她又尊敬又愛慕,因為這個中國女人實在太厲害了!

| 推薦序 |

Protea Jun

James W. Larrick, MD, Ph.D

Once upon a time not so long ago, maybe it was actually a few years from now, I hugged my beautiful wife Jun bidding her adieu for her short trip enroute home this evening. I often stayed around our Panorama Research Institute (PRI) until 8-9 pm. Many busy persons will tell you the quiet evenings or mornings, outside usual business hours, are often the most productive.

This particular evening was notable for the landing at Moffet Field (not 1 mile from PRI) of the space craft that Elon Musk's SpaceX had three years earlier sent to Mars. Needless to say, there were a lot of people, the press, helicopters, and commotion in our general vicinity. As I tried to concentrate on a PowerPoint I was composing regarding our novel therapy for Fronto-Temporal Dementia, I noticed a buzzing noise that I initially ascribed to be a dysfunctional air-handling fan.

However, on closer examination, my attention was drawn to a plastic-looking form shaped like a king protea outside my office window in the parking lot. Some twenty years earlier Jun had amazed me by her skillful cultivation of these difficult to grow plants. Jun had set up PanoRanch to grow flowers and then learned how to do flower arrangements. Assuming that she had dropped one of her beautiful protea flower arrangements as she departed, I went outside.

In the glow of all the light reflection from the goings-on at Moffet field, I could see that the "arrangement" was moving toward me!...Suddenly, I blurted out, "what's going on here"... and to my surprise the arrangement imitated my statement in South African English, "what's going on here". Then without missing a beat, it continued, "I am an advanced AI, a stowaway on the space ship from my home planet". "While I have learned your language from the communications carried out by the crew enroute to this place, I have a need to learn more about your species." "Upon landing I was able to escape". "You are my first encounter; may I ask you a few questions?"

Well, needless to say, I was taken aback by this encounter. While I had kept track of the mission to Mars and even participated in two expeditions seeking to develop biosignatures of life outside of our own planet, I never expected to have a conversation with a self-taught alien AI! We were employing AI and machine learning to design new drugs and AI was becoming ubiquitous in the internet of things. For example, TLL (actually "the little lady", one of my endearing nicknames for Jun!) even had a cleaning robot! Jun was always trying new things and approaches or as she said, "Jaimito you need to use the latest 'technology'! "

A few years back a few of the computer luminaries had weighed in on whether humans would be replaced by "Superintelligence", also the name of an important book by University of Oxford, Philosopher, Nick Bostrom. Now I was having the once-in-lifetime chance to confront, dare I say engage, one of these unique "organisms"!

My first impression of "Protea" was the perfect English grammar and pronounced Musk-ish accent. Since my "first encounter" with Jun, August 4, 1988 at a gazebo situated alongside Hangzhou China's West Lake (Xi Hu), I had been amused by her use of English, her accent and often funny translations of Chinese into English. For example, she and her younger sister, Tong often referred to me as Lao Hu, Old Tiger. Why? because I was born in the year of the Tiger!

Protea's first question, surprised me. "What does it mean here when two of you get close by?, I did not observe any such behavior enroute here". I realized that Protea had seen Jun and me hug and kiss before she departed home. We always did that, in fact, we did that many times every day. I replied that Jun and I had known each other for almost 35 years and that we loved each other deeply. And that when people love each other they want to engage in such behavior!

Protea's next question was "Why". That one was a bit more difficult. I said that we had shared all kinds of life experiences together. We had a family together, a beautiful smart daughter, Jasmine but that we had tragically lost our son, Jason. We had laughed and cried together. I told Protea that we had traveled to perhaps 60 countries together, all the while sharing the beauty, the historical sites and yet the frequent frustrations. I said that often times shared experiences make a relationship bloom and that we had shared memories galore. Some of the memories are specific, like Jun working the backhoe on our Kubota tractor better than most men or climbing Kinabula, the highest mountain on Borneo, in high heels and a dress!

By now my curiosity was getting the most of me, I had to examine Protea to see what it was made of; how did it operate. The closer I got the farther away it moved. Seemingly without effort it pushed through the bushes and trees behind our laboratory and disappeared into the small creek, now at high tide.

Poof! Gone! As quickly as Protea had appeared it disappeared! I had taken no photos or made no recordings. No one would believe that this encounter even happened! As I returned to work, I realized that unlike Protea, Jun had not disappeared and that tonight I would be able to curl up with her in my arms for a deep sleep, all the while uncertain whether Protea was actually a dream or not!

推薦序

**台灣大學中文研究所博士候選人
楊珮君**

　　童話故事之所以受到無數人喜愛，不僅僅因它是被人想像為浪漫化身的童話本身，更重要的是，它往往就是真實人生的映照。如同坎伯神話學裡，從啟程、完成一段又一段探險歷程乃至回歸的英雄冒險記，當內心真實的自我「順隨內心直覺的喜悅」，開展而為關懷所有生命的人生旅程，此故事本身就值得我們細品和思考。

　　《獨步海神花》書中的兩位主角：陳駿與 Dr. James Larrick，用他們真實且無私的生命情懷，共同為當代再闢一條「英雄」之路；品讀完，猶如西方版神鵰俠侶再現人間。

　　來自美國西部草原農莊地主家庭的 James William Larrick 與受江南蘇杭水靈氣息孕潤成長的二十三歲女孩——當時已是杭州第三人民醫院婦產科醫生的陳

駿，相遇在夏日晨光拂臨著西湖的湖畔亭閣。這場相遇，決定了日後兩人攜手共同為全球許多苦難角落帶來所需醫療救治的英雄式人生。

在陳駿女士述及的「老公（Dr. James Larrick）好敬業」一段，我們幾乎可以想見，何以已有數十項醫療研發專利的 Dr. James Larrick，至今仍日以繼夜全心投入新醫療技術的研發，尤其當我們知道全球此時此際，有多少家庭、多少美好的生命正與癌症和各種病毒奮力搏鬥，而他們所能等待的時間又是非常有限，以生物醫療科學研發為使命者，如何忍心不敬業！我們要思考和學習的，是他們內心該有多強烈的使命感、性格毅力和卓越的醫療研發思考能力，方能為全球無數被黑暗所籠罩的生命帶來曙光。正因肩負的使命重大，正因有像陳駿這樣蘭心蕙質的妻子在各方面扶持相伴，方促成兩人連袂引領其研發服務團隊陸續走訪中國、香港、不丹、印尼、非洲等地，除了尋找特殊植物草藥，更帶去先進的醫療儀器和尖端的診治藥物；與此同時，他們也和美國各大頂尖醫學院積極合作研發新藥及新疫苗。

《獨步海神花》除了富有英雄史詩般的精神性格，隨著 Dr. James Larrick 和陳駿這對夫婦的研發歷程推步向前，也讓此書有了博物學的價值。此書有趣的地方，還在於陳駿的投資步伐，總能與 Dr. James Larrick 的研究專長和她自身對動植物的培育興趣相結合。

陳駿女士所經營的半月灣（Half Moon Bay）農場，除了有獨步全球的海神花海，亦有臘梅、各品種蘭花及法國移植過來的黑松露等，這些對環境特別敏感的植物花卉，能在美西草原上顯現盎然生機，本身已是奇蹟；農場上另闢有自然生態區，陳駿女士的工作除了養植各種珍貴花木之外，也協助草原上各色孔雀、鴕鳥、魚、鴨等動物的孵育，並讓原生地的飛禽得以不受干擾，自在徜徉。陳駿從一位專職迎來人類新生命誕生的婦產科醫生，赴美後，轉而投入微生物和珍貴的動植物培育領域，與 Dr. James Larrick 不計挹注多少資金，只專注於將他們從自然界各種生命體所得的知識，轉化應用於臨床醫療所需，他們的故事，反映了近四十年美國生技醫療科學的若干進程，值得一讀。

| 推薦序 |

荊強 看陳駿的詩意生活

「自然之友」荊強
山東財經大學特聘教授
中國編劇研究院特聘專家

　　我會對生態環境關注，從三十多年前去德國訪問時，住在一位藝術教育家威爾先生在漢若威郊外森林里的家開始。威爾先生年輕時曾去那米比亞從事藝術教育工作，利用假期周遊世界，宣講對環境的保護和尊重，他退休後選擇在樹林里生活。住在他家的時間裡，他灌輸了我對生態保護的觀念。

　　我後來又結識了台灣來的大律師邱彰女士，當時正值大陸改革開放熱潮中，她奔波於大陸台灣和美國之間，她擁有哥倫比亞大學法學博士及生物化學博士學位，精通國際法又熱衷於生態環境保護。有一次她送給我一件黑色布袋子，上面印有「人生第一課_熱愛自然」的文字。她說這是她專為學校的學生設計的垃圾袋，給我留下了深刻的印象。

邱律師對生態環境的關注，多是從法律和教育的角度入手，這一點很接地氣。她訪談了各行各業傑出女性，出了幾十部著作，把他們的經驗告訴了更多的人。而這部她對陳駿女士的訪談，相信會引起更多的關注，因為一個清秀佳人的婦產科醫生，為了實現自己的夢想，到美國之後與大自然為伴，種植海神花及黑松露及各種菌類，認真經營自己的農場，亦經營著自己的人生。以一種不屈不撓、樂在其中的精神，譜寫著一部新的《新大陸》交響曲。

經歷一段事可能會改變一個人對世界的看法，認識一個人也許會改變一個人的觀念。生活是豐富多彩的，《陳駿：獨步海神花》一書會給燥熱的人間一絲清涼。

我的平生

1966 年，我出生在杭州，我的父母到現在仍住在杭州。文化大革命時，我才幾個月大，爸媽就把我送到南京了，所以我在南京成長，是外婆把我帶大的，我七歲才回杭州，我的南京話講的很道地。

我們老家在江蘇江寧，那兒有個大地主姓陳，是我爸爸的本家。1937 年，日本人佔領上海，我爺爺跑到遠洋遊輪上做工，那時有兩條遠洋輪船，我爺爺服務的那條船叫他去買牙膏，等他買回來時，他的那條船竟然被炸沈了，命中注定他大難不死，他就上了另外一條船，跑到新加坡，也到過舊金山。就因為這個原因，奶奶後來還被紅衛兵調查，說爺爺是美國特務。

戰時情況緊急，我奶奶他們都不知道我爺爺去哪了，以為我爺爺死了，奶奶就 1 個人帶 4 個小孩，她還是裹小腳的。1937 年我爸出生。

文革時，爸爸在牛棚呆了一個多月，他在上海呂宋島參過軍，但沒打過戰，後來他被分配去開車，他曾為浙江省公安廳廳長王芳（1952）做過司機。

我來美國後，就替我爸申請過綠卡，但他不願意待美國，回中國去了。我媽媽也不肯待美國，她在中國買了阿里巴巴辦的「阿里健康」醫療保險。去年她中風，什麼事都搞不清楚了，在醫院裡待了很長的一段時間，護士幾乎是 24 小時照顧她，最後她只花了 6 萬人民幣，如果是在美國的話，像我媽這種情況，我們根本就付不起這筆醫藥費。

我現在覺得自己挺慶幸，因為我爸爸的身體還不錯，今年 (2022 年) 他 85 歲，我媽媽 81 歲。

來美之前

我是 1996 年來美國的。來美之前，我在中國浙江醫科大學唸醫科，是婦產科醫生。我在深圳做了一段時間的抗體研究，我們檢查孕婦身體裡面有沒有風疹病毒或其他病毒，以保護胎兒。我在深圳做了快兩年，我們醫院很大，有三千多個員工。

後來我到杭州的一家醫院裡做婦產科醫生，我們婦產科只有十一個醫生，但是有很多護士、還有助產士，加起來大約三十多個。醫生主要的任務是看門診及巡視病房。我們門診只派兩個醫生守在門口，其他的九位醫生都在裡面忙的要命，有時連上洗手間的時間都沒有。中國人太多了，它的醫院不像在美國看病要先預約，在中國沒有預約的概念。

我們家有三姐妹，我姊考進天津崑劇院，她的聲音非常好聽，但是十幾歲以後，她的嗓子唱壞了，她現在高音唱不上去。我妹是唱美聲的西洋歌劇，她待過浙江歌舞團。我唱民歌，也唱流行歌曲，我們家三姊妹都會唱，但我們都沒有受過正規的訓練。讀書時，我們都是被要求學好數理化，以後才能走遍全天下。

中國跟美國不一樣，不是成績最好的才能進醫學院做醫生，那時我們就是填志願，寫我要學醫就可以了，當然成績也要達到一定的水平，後來我到了美國就不搞醫了。我先生是醫生，女兒今年柏克萊大學畢業，也想做醫生。她考醫科預考 MCAT，成績很好，是美國全國最高的 1%。

自左：我妹妹、姊姊、我（2018年）

緣分天注定

1988年，我和我先生在杭州第一次浪漫邂逅。那時我剛進醫院實習，有一天天氣很熱，我七點鐘要在急診室輪值，所以一早就騎了自行車，穿了一件自己做的粉紅色簡易小旗袍，騎到西湖旁邊的一個亭子裡稍微享受一下涼風、讀點書，我想等快七點了再去上班。

坐了一會兒，我看見一個老外拿了相機，啪嗒啪嗒往我這邊拍，可能他認為我穿的很漂亮吧。後來我老公跟我講，他看到所有的人都穿著毛裝，只有一個女孩騎了自行車，穿一身粉紅，一閃而過，他就對著我拍了好多照片。我那時也發現有人在拍照，只覺得這個人怎麼這麼多事，我依舊騎我的車。

後來又看見他沿著西湖邊在啪拉啪拉的拍照，過了不久他就往我這個亭子走過來了。當他走進亭子看見我時，他在想，「這個女孩，不就是我剛剛拍了照的那位嗎？」

他問我：「你會講英文嗎？」我說我的英文很差，他就問：「你做什麼事？」我說：「我在醫院裡工作，我是醫生。」他兩個眼睛瞪得像大銅鈴，怎麼可能這麼年輕的女孩竟然是醫生，接著他問我幾歲？我說我二十三歲。他說他也是醫生，他接著問我要不要去旁邊吃冰淇淋？我同意了。他說他是美國人，從舊金山來，我當時掏錢買了自己吃的冰淇淋，我不想讓一個陌生男生給我買冰淇淋。

後來他說他馬上要回美國了，離開前他塞給我一張名片：「你如果到美國來，請找我。」不久之後，朋友約我一起考托福，托福考完就要申請學校了，我拿到美國 Clark University 的錄取通知書，但是去美國要有擔保人，我家沒人在國外，想來想去總算掏出一張名片來，我可以找他喔！然後我就發了信給他：「你能不能做我的擔保人？」他馬上回信說可以。

西湖邊的美女

其實我們才見過一面，我覺得他挺不錯的，但是我爸說：「這人可能是個間諜喔。」我心想：「老爸，我有什麼條件要人家間諜來探測？我只是一個小醫院的醫生，又不是什麼東東。」

於是我們就開始通信了。1991年底，他說他要來上海，問我要不要見面，我說可以啊。沒想到他最後下機出現時，竟然是一拐一拐的瘸子。他說六月時，他的實驗室被搶，搶劫者要跑時，他把壞人給堵住了，壞人就用汽車撞實驗室的門，撞了好幾次，把他的右膝蓋給撞傷了，後來他做了手術，為了固定，還打了八顆釘子。

離第一次見面已經三年多，他看我們亞洲人的臉孔都差不多，我看他們也是這樣，我只知道他寫過幾本 PCR 的書，不知道他還擁有一個實驗室。從那以後，我們就開始約會了，他問：「你願不願意跟我到泰國去玩？」中國人那時可以申請護照了，也可以拿到泰國的簽證，後來我們就成為男女朋友了，認識快四年時，我們去了馬來西亞，又跑了好幾個國家，有點像試婚。我們於 1995 年在香港註冊結婚，十月時，我們在杭州老家辦了婚禮，請了兩桌親友。

婚後我們決定一起赴美定居。那時我任職的杭州第三人民醫院要我寫離職申請書，而且還要寫明我在 89 年六四的時候，有沒有出去搞動亂什麼的，那時想出國的人都得填，而且還要單位蓋章，不蓋章你連海關都過不了。

後來我先生覺得在香港辦手續應該比較容易，所以我們就在香港註冊結婚了。1996 年我拿工作簽證進來美國，因為我是醫生，可以辦 H1 Visa，H1 是屬於非移民的，綠卡我也申請了，年底我就拿到簽證，1997 年我拿到綠卡，2000 年拿到公民證。一轉眼，我們結婚快三十年了。

在美國紮根

剛到美國時，我老公安排我去他和 Dr. Bob Balint 合夥開的公司 Panorama Research Inc. 工作，我人生地不熟，Bob 是我的上司，他過去從未用過外國剛來的助手，他交代工作時，英文講得像機關槍一樣快，我根本聽不懂，但他覺得他已經交代了，我就得自己想辦法解決問題，所以那時只要看到他，我就害怕。公司裡有位來自台灣的馬博士，人很好，他當時在做基因工程方面的研究，他會耐心的用中文幫我講解，他後來去日本學做壽司，聽說目前在經營日本餐館。

半年後，老公又安排我去 Planet Biotechnology Inc. 上班，那時他有這家公司 97% 的股份，因為公司位在 Hayward, 而老公的日常生活及活動地點都在南灣，所以他就雇了一位哈佛大學畢業的 Keith L. Wycoff 做 VP of Research，又請 Elliott L. Fineman 做總裁及 CEO，Jeffrey S. Price 做董事長，他們權力很大，後來我們的股份就慢慢的被稀釋了，現在我們雖然還有 50% 左右的股份，但是沒有發言權。

Planet Biotech 研究及合成 Secretory IgA 抗體 (SIgA)，它是身體對抗外侮的第一道防線，它在身體的黏液中濃度很高。我們早期的做法是把老鼠體中製造 SIgA 的基因轉入煙草植物 Tobacco plant 的根部，隨後植物在成長時，葉子、樹莖、花裡都會有 SIgA，我們再把植物搗碎，抽取 SIgA 出來。

只是這樣做成本很高，我們還需要付專利費給 Scripps 公司，後來科學家發現可以用大腸桿菌 E. Coli 大量生產 SIgA，又便宜又快速，菸草製造的方法就被淘汰了。Planet Biotech 後來也搬離 Hayward 了。

一開始他的父母以為我是利用他辦身份的，對我不太能接受，我也不知道他在灣區科學界已經是個小有名氣的大科學家，他是 Cetus 研究部門的主任，Cetus 是個大公司，做主任不容易，但我比他小十六歲，我想年輕的價值比做主任的身分更值錢吧。他以前結過婚。

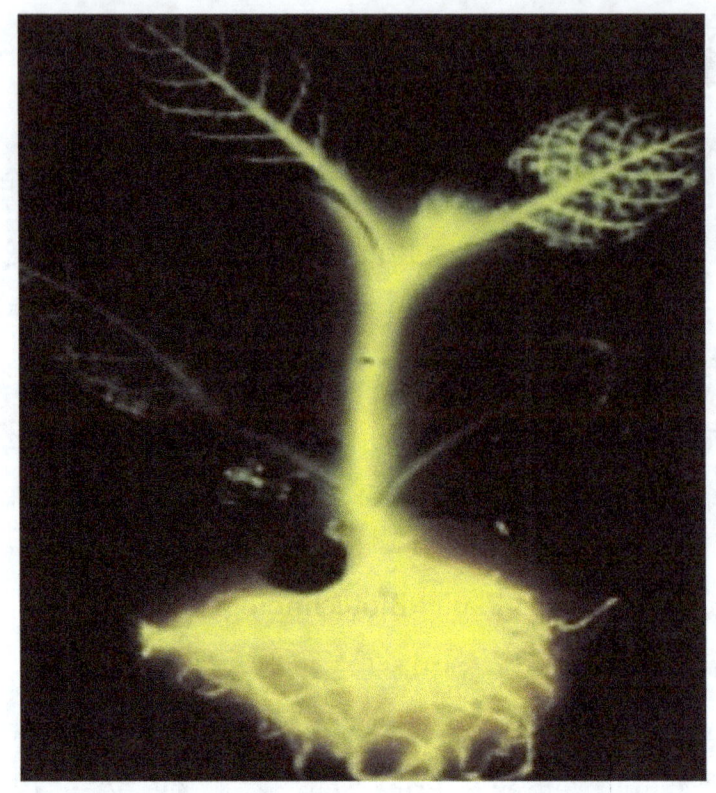

菸草植物被放入螢火蟲的基因，整株植物發螢光

Planet Biotech Inc. in Hayward with two greenhouses

他現在七十了,身體鍛鍊的很好,他的體重還是高中時的重量,他每天跑步,我也跑步,每天晚上我們就在家園裡跑四十分鐘。

我老公的名字是 James William Larrick,他是杜克大學的 MD, Ph.D 雙博士,Stanford 的博士後。他的研究領域很廣: Biology,Cell biology,Anthropology,etc., 反正都跟生命科學有關係。

他在 1990 年去杭州找藥草, 找到杭州的蛇膽、川貝等等。他自己的公司 Panorama Research Inc. (PRI) 是 1990 年後開始正式運作的,在那以前,他經營過一個實驗室叫 Genelabs Technologies, Inc.,是台灣人孔繁建博士 Frank Kung 開設的,2009 年被 SmithKline Beecham Corporation 所購併。

我先生原來在 Chiron Corporation, 1991 年 Chiron 被 Cetus 公司購併,Cetus 是家 NASDAQ 上市公司,股票代號:CTUS。

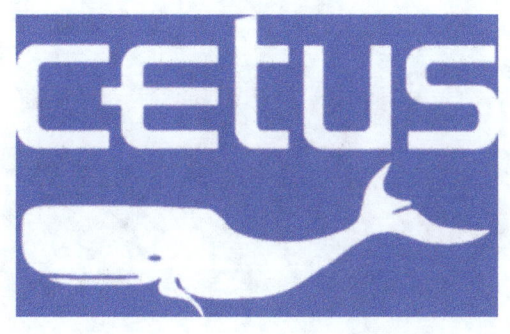

我先生在 Cetus 是 Director of Research，他的下屬 Kary Mullis 於 1983 年開發 PCR (DNA Polymerase chain reaction) 聚合酶鏈式反應，是一種通過熱循環反應，來擴增 DNA 的技術，Mullis 於 1993 年得諾貝爾化學獎。

PCR 是一種以簡單、廉價和可靠的方法複製 DNA 的片段，這個概念適用於現代生物學和相關的許多科學領域。PCR 可能是分子生物學中使用最廣泛的技術，它被應用於生物醫學研究，犯罪取證和分子考古學。

微生物 DNA 複製是一個費時耗力的流程，首先要將 DNA 用限制酶剪裁，再利用連接酶 (Ligase) 加到運載體 (Vector) 中，之後利用受控電脈沖瞬間電擊，在質膜上形成可逆性微孔的 "電穿孔" (electroporation)，或是利用生理極限高刺激的 "熱休克" (heat shock) 的方式，送到大腸桿菌感受態細胞 (competent cell) 中，再將此菌於培養皿中大量繁殖，經過繁複的分離、純化過程，時間通常需要近一週，才能大量複製 DNA 的片段。

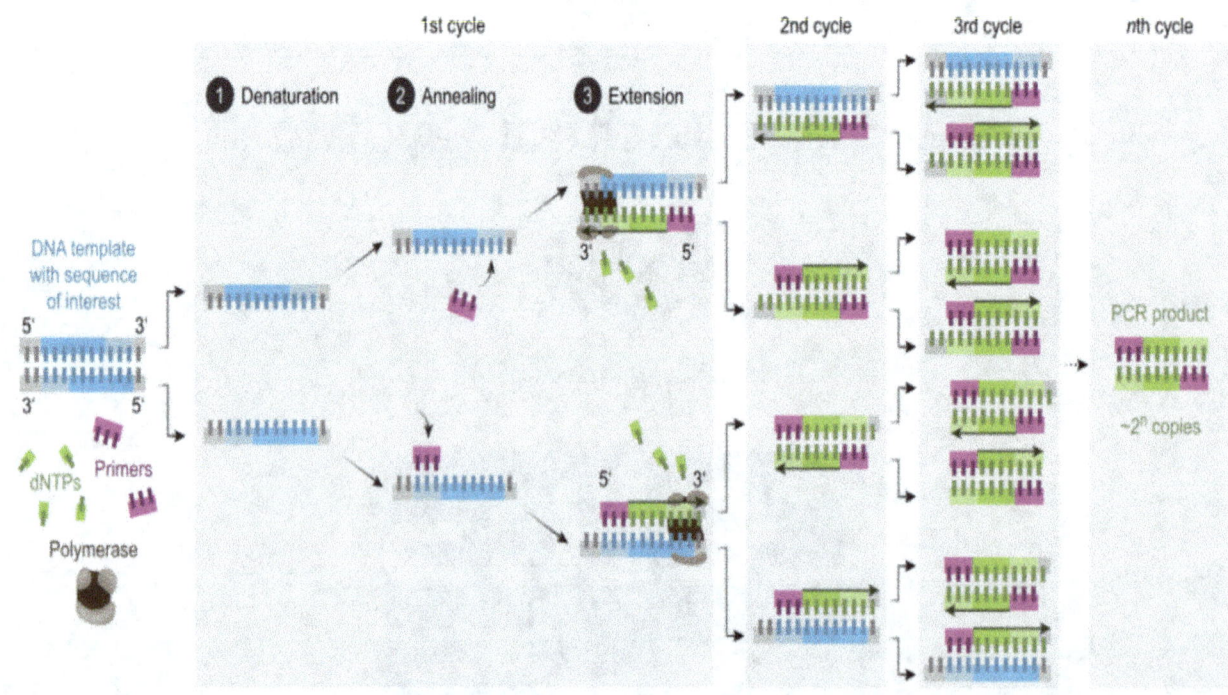

Kary Mullis (1944-2019)

　　PCR 被發明後，現在僅需一小時的 PCR，就能節省大量的時間和繁複的操作，聚合酶鏈式反應技術被廣泛地運用在醫學和生物學的實驗室，例如用於判斷檢體中是否會表現某遺傳疾病的圖譜、傳染病的診斷、基因複製，以及親子鑑定。

　　公司給了 Mullis 十萬美元的紅利，卻轉手把這個專利以 3 億美元的天價賣給了羅斯製藥廠，Mullis 氣壞了，稱公司為禿鷹。這位得了諾貝爾獎的 Mullis，後來跟老婆離婚了，還交了很多女朋友，他在 2019 年過世了。

　　2000 年時，我們還很窮，我想要投資但沒錢，當時股市欣欣向榮，那時我們是租人家的場地開公司，公司叫做 Palo Alto Research Institute，現在的新名字是 Panorama Research Incorporation，公司所在的 Sunnyvale 這棟樓是我們在 2011 年買的。

實驗優生學

1984年，我先生被 Esquire 雜誌評為「全美四十歲以下的一百位傑出人才」(Outstanding Americans Under 40)。

當時聖地牙哥附近有一個優秀基因庫，叫 Eugenics，他們因此找了我先生捐贈精子，那時我先生在史丹佛做醫生，他對西藏、不丹這些地方非常好奇，想去探險，只是他薪水很低，他就想到了利用捐精子賺旅費。你想想一個醫生，內科、外科執照都有，靠薪水卻賺不到旅費，所以想住矽谷的人一定要開公司，光靠工資是活不下去的。

第二年，他發現了一種寄生蟲，他希望歐洲的 NASA 下次上太空時，把它也帶上太空。他想用氮氣罐 nitrogen 來冷凍寄生蟲，又想到當初那家精子銀行，

因為精子銀行是用氮氣罐來儲存冷凍精子的，為了節省這筆五百多塊錢，他打電話問他們，「我是一位醫生，我們想要借用一下你們的氮氣罐。」護士以為他要再給他們精子，就說，「我們不需要你的精子，因為你已經有十四個小孩出生了，我們不出借氮氣罐。」

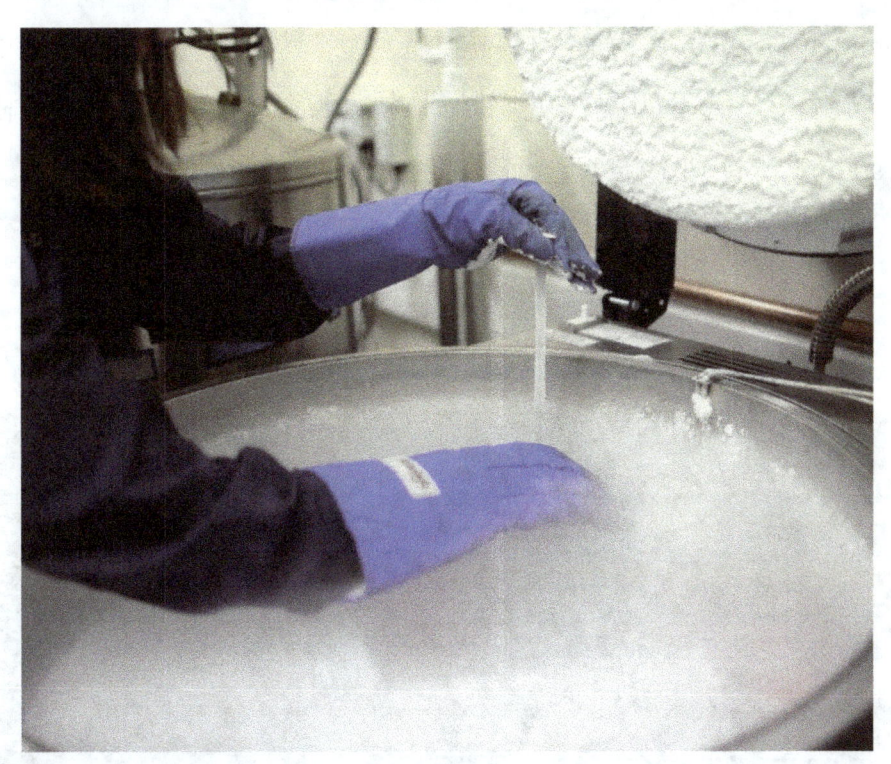

精子被儲存在氮氣罐

這個護士沒有經驗，她已經洩露了商業秘密，按照他們之間的保密合約，她是不能洩露這個訊息的。後來我們看 Discovery Channel 新聞，有一個女孩子在網路上找爸爸，說爸爸是一個 biotech scientist，頗為符合我先生的特徵，當然我們不會去認，最後她也沒有找到父親，這個故事將來寫成小說時可以吹一下。他那十四個小孩都是在一年之內出生的，因為精子最好的保存時效就是第一年。

雖然精子銀行在聖地牙哥，但是小孩子可以到處移動，說不定有一天我們會認識其中一個。我先生對這十四個小孩沒有什麼感覺，他沒生他們，而且他

們每個人的母親也都不一樣,當然不容易有感覺,如果有天我女兒跑去找她的哥哥姊姊,我也不在意。

我跟你講一個美國關於生育方面的案例, 1927 年,美國最高法院允許維吉尼亞州政府強行對一個 17 歲的少女 Carrie Buck 絕育,他們認為她智能低下、生性放蕩、還賣淫,法官覺得這種汙染的基因必須被清除。當時美國最著名的法官 Oliver Wendell Holmes 竟然在判決書中說,與其等到她癡呆的兒子被餓死,或因為犯罪被處決,還不如現在就切斷她的輸卵管絕育。這個案子相關的法律 sterilization statute 一直到 1974 年後才被推翻。

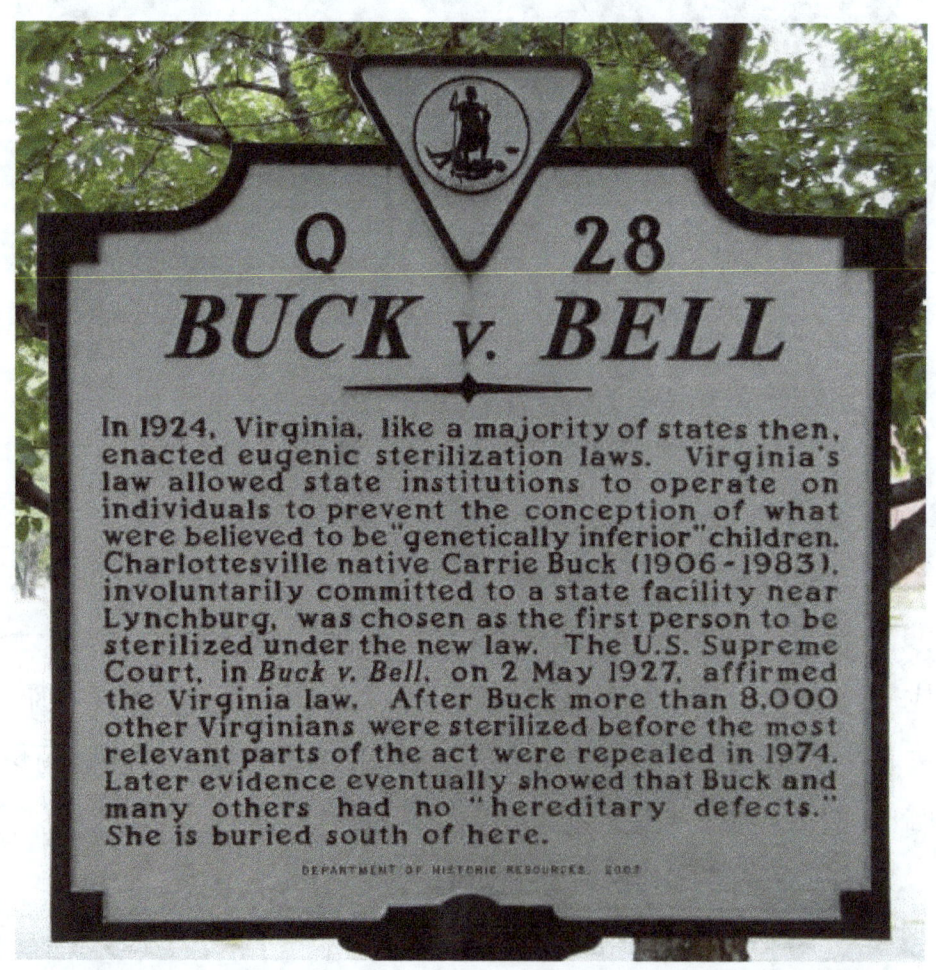

Buck v. Bell, 274 U.S. 200(1927)

Richard and Mildred Loving and their children, Peggy, Donald and Sidney in 1967

　　當時美國對中國人也啟動了「排華法案」，從 1882 年至 1943 年期間，嚴格限制華人來美，特別是限制中國女性來美，怕她們會跟白人結婚，會污染美國人的基因庫。「排華法案」造成當時華人男女人數極度的懸殊，華人男性想在美國找到華人女性結婚幾乎不可能。一直到 1967 年，最高法院在 Loving v. Virginia 一案中判定各州禁止不同種族通婚的法律是違憲的，華人才獲得自由通婚的權利。

老公好敬業

我 1996 年 5 月搬來美國後，一開始是在 Planet Biotech Inc. 實驗室工作。我第一次到舊金山就覺得舊金山好美喔，老公帶我去他 Woodside 的房子住，我每天都跟著他一起騎自行車、跑步。

我跟老公感情很好，我的個性十分隨和，我老公則是性格倔強，他想要幹的事你不能夠阻止他，其實我也一樣，我目標鎖定了以後也不會改變。以前年輕的時候，我們有時會有一些摩擦，或者為了房子的問題、或者為了裝修的問題，現在他反而會找我幫他裝修呢！

我非常崇拜我老公，他年紀比我大，是位出色的科學家，他不斷的精益求精、全心全意獻身科學。他的頭銜太多了，他曾經是「美國四十歲以下最傑出的一百位人士」之一。有段時間他在聖地牙哥工作，被當地的精子銀行看上，精子銀行相信優生學，邀請我老公捐精子。我老公後來意外的知道，他捐出的精子生出了 14 個小孩，這些小孩現在應該都是三十歲左右。為什麼精子銀行不選諾貝爾獎得主？因為諾貝爾獎得主通常都很老了。

我老公是研究流行病學的學者、免疫專家，他的履歷表很牛、近乎四十頁。我們後來把他在 Woodside 的房子拿去貸款，用來開發一個藥品，他全心全意的在搞科學，截至目前為止，他擁有七十三個專利，另外還有三十六個專利在申請中。

我們兩人從沒為錢吵過架，他的錢他自己管，我的錢他也不管，小孩的錢就從我們共同的帳戶中出。如果是我從中國匯過來的錢，我就放入我的單獨帳戶，自己有錢在婚姻中就有底氣。

我老公性子很急，他教我開車，我稍一點不順他的意，他就差一點把我踹出車門，後來他問員工：「誰願意教我老婆開車？」一位女士站出來：「我教她吧。」

這位女士現在是個 IT 業的小老闆，住在 Mountain View，她以前在我們公司做了三個月，後來因為化學行業前景不怎麼樣，所以她就轉成 IT 了，現在搞得不錯，我很感激她耐心的教我開車。

有一次我女兒學游泳，我們在 Woodside 的家裡有個游泳池，老公就把我女兒推下去，他說：「你都七歲了，還不會游泳？」最後是我教會女兒游泳，女兒現在已經游得比我好了。我在教小孩上非常有耐心，堅持不懈，我若決定一件事情就不會放棄。

這是老公在2022年情人節的告白：「我們在杭州認識，一面聊天，一面分享冰淇淋，女孩覺得男孩很不錯，就給他發了兩個傳真，他沒時間發牢騷，因為已經被迷倒了。」

傑出的婆家

我老公的家族是法國人,他的父親是從法國到英國去的,母親則是德國後裔,她的名字是 Louise Elizabeth Gottschalk。她的思想雖然有點保守,卻是個女強人。她生於 1915 年,在五十多歲時跟他父親離了婚,一個人住,後來活到九十九歲,2015 年才過世。我先生的父親走的比較早。

女強人住在科羅拉多州 Panoramic Park, Colorado Springs, Colorado, 丹佛小火車可以直接通她的後院,因為是她開發的。

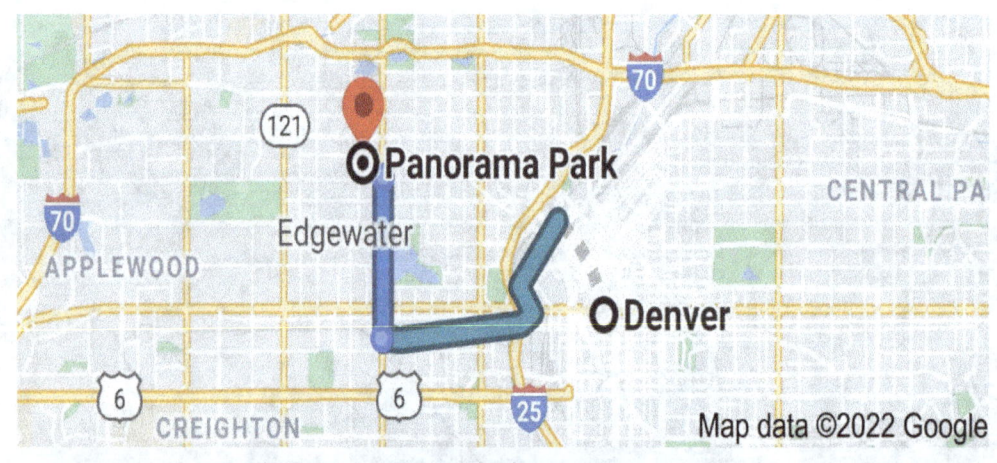

Panoramic Park, Colorado

　　他們家的土地都是他爸爸當初一百塊錢一英畝買來的。婆婆還辦了一家報紙，寫了本自傳「Breaking Ground」，在當地很有地位。婆婆人很好，後來她總算接受我了，特別是在我們有了小孩之後。

　　我婆婆的故事很有趣。她的農莊將近十四英畝，後來她想賣農莊，要價四百萬，有一個學校想買卻嫌貴，她就跟學校說，「這樣吧，你們每個月給我三萬元，我死了這地方就全歸你們了。」校方認為很划算，因為她那時已經九十歲了，他們想她再活也不過兩三年，沒想到她又活了十年，四百萬差不多全賺回來了。

　　我老公說，我可能是我婆婆的再生，因為她的去世日就是我的生日。

我老公長得非常像他母親，他也想弄個農場，現在他的夢想透過我雷風力行的投資方式終於實現了，我老公很欣賞我的勇氣，他說我這個人無所畏懼，想要幹什麼，就會讓它實現。

他爸爸也很厲害，他爸爸在科羅拉多州的 Morgan Hill 擁有五千畝的生態園區，他並不想把它開發，他要保護自然，他和大多數美國人一樣，買地都是為了保護自然，中國人則都是為了賺錢。

他爸爸後來活到七十八歲，我女兒的嬰兒床就是他爸爸睡過的床，現在我先生把那些東西很寶貝的收藏起來，放在他的地下室。

我們的農莊 Panoramic Park Ben Hur in Mariposa, California

老公小時候父親的農莊 Centennial Ranch

優秀的女兒

我女兒叫 Jasmine Larrick，是 1998 年在美國出生的。她現在在申請 MD, Ph.D 雙學位的學校。

2000 年，我為女兒在漁人碼頭邊的一棟十五層樓中買了一間房。伊麗莎白泰勒的前夫 Eddie Fisher 就住在我們樓上，每當我帶年幼的女兒上電梯時，他都會朝著我微笑，他身邊經常出現一位年輕的女士，約三十歲，他那時都已經八十歲了，現在他的那一層樓可能值上千萬美元。

他那邊是 West，我們這邊叫 East，在 North Beach 區裡算是景色最漂亮的大樓，可以看到海灣大橋 Bay Bridge，也可以看到金門大橋 Golden Gate Bridge、天使島 Angel Island 及惡魔島 Alcatraz。

這張照片是我們三個人 2021 年 12 月去爬山照的，我們全家都是爬山好手。

我老公寫了十本書，擁有 73 個專利，還有 36 個專利在申請中。我女兒繼承了我和她爸爸的基因，決定從事生物科技的專業。她是柏克萊大學的榮譽學生，去年因為她是全校前二十名，還拿了一筆五千元的補助做實驗，她現在大四了，正在申請 Medical Scientist Training Program，被六所大學醫學院接受，她決定去賓州大學醫學院 Perelman School of Medicine at the University of Pennsylvania，她想攻讀雙博士 MD, Ph.D 的學位，追隨她父親的腳步。

女兒從小就不怎麼讀書，作業半個小時就能做完，在周末時她早早就會出去玩啦，她九歲時就可以寫六頁的文章。我從來沒有強迫她去做什麼事，開始時她說她不想做醫生，又怕看見血、又怕打針，但在她讀了大學以後，她跟我說：「我要得雙博士學位，跟爸爸一樣。」

她在大學四年裡，參加了 Helix Medical 的組織，就是鼓勵少數民族從醫的一個組織，她在裡面做領導，所以跟加州大學舊金山分校 UCSF 有很多聯繫。

　　女兒的中文講得可好了。小時候我規定她在家裡只能講中文，否則我聽不懂。她跟爸爸當然只能講英文，她爸中文不行。

　　那時是我老公早上送她上學，我下午去接她，我們分工。每天晚上爸爸回來以後，女兒一定要乖乖的坐在那邊聽爸爸對她的教導，所以她被我老公薰陶了很多年，在生物科技的學科上唸得不錯。

　　她三點多下課回家以後，就得全部講中文，我用這一招讓她學會了中文，我有時會派只會講中國話的工人，跟她一起去裝修她漁人碼頭的房子，她也能用流利的中文跟他們溝通。我女兒在美國的教育學費是免費的，日常買菜都是我去買，這個花費不多，所以我從來不跟老公要錢。我們女兒後來在 Berkeley 唸大學，我老公每個月都拿錢給她，像是學費、住校費、買書的錢，零花錢則是我給的。

　　她很獨立，外國人看她像中國人，中國人看她像外國人。

我的投資履歷表

我剛到美國時，我老公在 Woodside 的房子還有貸款，現在已經還清了，我的功勞頗大。

我 96 年來美，97 年就成天在海邊盯啊、看啊，後來我發現在一號公路上有個二十五英畝的農莊，非常漂亮，有小橋、小溪、沙灘，那時要價一百八十萬美元。靠近海邊的地無法種植物，因為半夜的時候溫度接近零點，植物會凍僵，後來人家把它改成幾棟房子了。

我當初研究植物的抗體，就是把小老鼠的基因轉到植物裡，讓植物產生抗體，用來治病，是一個很新的技術，但很快的 E-coli 就取代了植物，因為 E-coli 繁殖的更快。我非常喜歡植物學，我原來是婦產科醫生，植物學對我來說是重新學起。

1.2000 年 Hayward 的第一桶金

那時我們在做植物抗體，需要有溫室 greenhouse 的實驗室，Hayward 只有二棟樓有溫室，面積是四萬多千英尺。買房的錢從哪來呢？我先生在 1999 年為一家公司做顧問，他們沒錢付他薪水，就給了他一些顧問股，2000 年這些顧問股已經漲了五倍，我們就抓住這個時機把股票賣掉，買了 Hayward 的那兩棟樓。

我老公基本上都在南灣活動，我們因此雇了一位執行總裁 CEO，他住在東灣 Berkeley，所以 Hayward 對他來說上下班比較方便，我們就花了大把時間在開發、搞研究。

後來有人想跟我們買這兩棟樓，但我們一直都沒賣，灣區房地產已經越來越少，只會越來越值錢，連 Haywood 現在也漲價啦。

我先生有他自己的實驗室，他做生物科技 biotech、開發藥品，但不可能一直做到成藥那一步，因為研發、生產的成本實在太貴啦。我們有很多專利，但要研發到一定程度以後，才能賣給大公司。研究所基本上是不賺錢、而是要花大錢的，所以研究人員要絞盡腦汁，申請各式各樣的補助，整個團隊成員都是拚命的在寫企劃案，不斷的要有新東西出來。搞研究的公司基本上都只能撐著，有時還要往裡貼錢，我們就用 Hayward 大樓的租金往裡面貼，所以 Hayward 的大樓被我們稱為「第一桶金」。

我們從第一桶金裡又生出很多小金蛋，例如我們投了一筆錢給一個荷蘭科學家 Mark de Boer，他是我先生在 Stanford 的 postdoc，這小夥子非常會做生意，他現在比我們有錢多了。當初他的公司剛起步時，研發的領域是器官移植時壓抑免疫系統的藥，我們投了三十萬美金，後來他給我們的回報是二百萬歐元。我們就用這筆錢，在 2011 年買了 Sunnyvale 這幢樓，當時花了一百八十五萬美元，現在大概值十倍了。

荷蘭小伙子有錢以後，就買了一艘船，荷蘭人特別喜歡航海，他興高采烈的以兩百五十萬美元買了一艘一百呎用鋼板做的船，不算太大，不能航行大海，但應付大風大浪是沒問題的，我不知道他現在有沒有賣掉，他的船下面還有雷達呢。

他找了一個英國籍的船長、一個水手、一個專門燒飯的人，所以他的團隊人也不少，他喜歡跑海盜最多的地方，特別是在地中海航行，我有一次搭他的船，正好碰上大風大浪，暈得昏天轉地！

現在我們也有自己的兩艘古董龍船，五十五呎，是木頭做的，一直停泊在 San Francisco Yacht Club，但我們那個船只能航近，不能跑遠。這兒說個典故，第二次世界大戰時，日本海軍不自量力，他們用木頭船跟美國的鋼板船作戰，難怪輸了。

2. 繼續投資房地產

2000 年，我們在漁人碼頭買了第一個 studio，我們不常去，偶爾才去住一下，它的景色非常漂亮，但管理費很貴。

2003 年，我們買了一棟房子在 Sunnyvale，佔地二英畝，約有四萬英尺，當初賣方會把它賣掉是因為那兒會漏水、管道老舊、犯小偷。修繕之後，2008 年我們把自己的公司搬進去，我很喜歡這個地點。

那時 Sunnyvale 人煙稀少，現在可旺了，Google、Apple 都搬來了，Google Cloud 的幾棟樓把我給圍起來了，他們準備用一千五百萬美元跟我們買。我們當初買的價錢是九十塊錢一個平方英尺，現在 Google 給的價錢是五百塊錢一個平方英尺。

2009 年，我們的公司總算有自己的大樓了，我們現在有二十個員工，分成四組，一組五個人，每組申請的補助項目不一樣。每棟樓的裝修都是我自己做

的，小孩小的時候，我爸媽來替我看孩子，我運氣真好。

我另外一幢樓在 Mountain View，Google 總部的旁邊，是十年前 (2010 年) 以一百萬買的。

Saratoga 我前兩年也買了一個房，也出租給人家了，由管理公司管。

3. 踢到鐵板

當初我也在洛杉磯花六十萬買了一棟樓，租給日本人做素菜料理，後來他抱怨空調不好，就藉口不付房租。我們開了八小時跑到那邊跟他談判，他還是不付，我們就只好把它賣掉。現在有經驗了，我再也不買那種遠方的房地產了。

很多事情都是慢慢的就有經驗了，現在凡開車超過三個小時以上的地方，我們都不考慮投資，所以在外州我們就都沒有財產了。像在科羅拉多州他爸爸留給他四十英畝的地，我們也賣了，實在是太遠了，懷念之情抵不過距離與時間的挫折感。

我從不冀望先生的財產，自己創造財富才是最自在的。我先生不喜歡裝潢的事，而連房子怎麼建造我都懂，我用過的建築師有美國籍、有台灣籍、有中國來的，每次我都跟他們學到很多東西，因為我不是這個專業，所以我一切都是從頭學起。

4. 兩個農莊

a) Half Moon Bay 農場

2009 底，我在半月灣 Half Moon Bay 買了一個一百英畝的農莊。當初是我堅持要買的，老公不肯，他覺得沒有水，沒想到我把雨水接起來，造了一個倉房 Barn，然後挑省水的植物種。

這農莊是地主自己賣的，那時經濟很蕭條，沒多少人買房，我就去看了，我轉了一圈，決定這就是我想要的地方。那時除了我，還有另外兩個競爭對手，一個是州政府，但他們只肯出八十萬，而賣方要價一百二十五萬，另一個對手是位很有錢、很傲慢的鄰居，他們肯出一百二十五萬，但他們有很多牛，一定會把老頭辛苦栽種的海神花吃光光。

　　我那時沒有一百二十五萬，但我看見房主努力養的海神花花海，知道他想有人繼承他的養花事業，他已經 80 歲了，家裡的三個女兒沒人願意接班。我就跟他說，「你三年之內隨時可以回來看你的花。」我給了他一把鑰匙，我說會把他的養花業發揚光大，後來他就賣給我了，還借了我 60 萬的買家自貸款。

　　加州確實是缺水的，但也有可能今年缺水，明年水又多了。我發現這個農莊是一個臥虎藏龍的地方，那天還看到烏龜呢。

　　剛開始時，我老公不讓我養任何動物，他說臭死了，我就在森林裡開闢一個地方專門養動物，現在還蠻好的。我養了二十隻白孔雀，三天餵一次，白孔雀會下蛋，蛋可以吃，我還養了兩隻更大的孔雀。

　　我有兩種鴕鳥，一種是很大隻的非洲鴕鳥，另一種是澳洲鴕鳥。鴕鳥皮可以做精品皮包，鴕鳥毛可以用在裝飾上，鴕鳥肉可以吃。

　　一隻鴕鳥肉的價值等於一隻牛。一隻鴕鳥的肉約三百磅，一頭牛約一千五百磅，但牛肉便宜，九塊、十塊錢一磅，鴕鳥肉起碼二十八塊錢一磅，鴕鳥的肉沒有膽固醇。只是鴕鳥不容易養，小的時候尤其難養，三個月之前很容易死亡。一隻鴕鳥一年可以生二十個蛋，世界上最大的蛋就是鴕鳥蛋。我們現在把鴕鳥養在室內，目前只有六隻，我希望能養到十二隻。

　　我們這裡有老鷹，鷹有好處，它會吃蛇、吃老鼠，但雞也被它抓走了。我們這邊還有狐狸，紅狐狸我看見過好幾次。

b) Mariposa 農場，宛如仙境

　　我們後來又在 Mariposa 買了一個老農場 Panorama Park Ben Hur，它的房子已經老舊不堪，我重新打造出四間套房 (房間帶洗手間)，但常常找不到工人願意去，因為那兒離舊金山太遠了。

　　Mariposa 的農莊有 5200 acres，現在的池子全種了荷花，荷花的籽是從西湖來的，我從籽開始種。今年荷花開得很漂亮，肯定有很多蓮子，我已經給它施過有機肥了，荷花需要很多的肥。我有一種菩提荷花，有點像牡丹，現在共有三種荷花在湖裡綻放。

　　三、四月時，水位高，會形成一個小瀑布、兩個大瀑布，到夏天就沒了，因為水量不夠。湖裡還有魚，我是小苗的時候放進去的，我們叫這個湖「小西湖」。

菩提荷花

Ethiopia (2019)

　　老公的弟弟是位房地產開發商，他來參觀我們這塊地時，覺得這兒離優仙美地國家公園很近，建議我們開發二、三十間套房，他說這樣的話，我們每天都會有進帳，蠻不錯的。我老公說一聽說他弟弟想來開發，就翻臉了。老公說：「我只想把它變成一個生態公園。」我說：「我配合你。」生外之物，生不帶來，死不帶去，他喜歡就行。

5. 投資中國房地產

2000 年，我在中國買了一個一百二十平方米的公寓，那時一平米才三千多塊錢人民幣，我拿了五萬美金去買，後來漲到一平米一萬塊錢人民幣時，我就把它賣掉，我的投資從五萬元長成了二十萬。

2007 年，我在中國跟我妹妹合作投資了一家工廠，我也是出了五萬美元買一塊地，四年後漲成二十萬，我就收網了。我運氣很好，我當初去中國的時候，美金對人民幣的匯率是 1:8，匯回美國的時候是 1:6，所以我賺了一個差價，那時是 2007 年，現在 2021 年，一年只准匯五萬美元出來，就比較不方便了。工廠就是慢慢的經營，我妹妹現在還在做呢。

2008 年的時候，妹妹說她的工廠想擴建，又要蓋房子了，我就從美國再匯十萬美金給她，這樣的話我總共投資了二十萬美金，我自己這邊已經拿回了二十五萬金了。

6. Palo Alto 買房子

Palo Alto 的房地產是中國人最心儀的投資標的，一是因為它的學校系統是全美最好的，史丹佛大學就在旁邊，加上它位於矽谷的中心，Google、Facebook、LinkedIn 都在這兒，提供了絕佳的工作機會。

也有很多人覺得這兒的房地產價值只會漲漲漲，從 2016-2021，Palo Alto 的中價位房地產漲了 46%，居民各色人種都有，教育程度都很高，難怪中國人認為這是投資美國的最佳選擇。

我自己的投資慣式是每次我有了點錢，就去買房產。我們現在住在 Palo Alto，是我自己出錢買的，那時老公不同意買，他對我投資房地產很排斥，因為他母親曾經做過房地產虧了一筆錢，搞得他們那段日子不好過，所以我只能自己湊錢買。

2016年10月，滿車的中國買家在參觀Palo Alto房地產

    2010年，我毫無懸念的把它買下來，我用自己從中國賺的二十萬，加上我從基金裡賺的一點錢，這交易就成功了。這房子有六千多呎，在市中心，還有一個彈琴的小亭子。跟所有搞孟母三遷的苦心母親一樣，我是為了女兒上學才買這個房子的。

    那時我跟一對史丹佛教授夫婦是好朋友，我們兩家的兒女是同學，我們一開始都住在 Woodside。有一天她跟我說她在 Palo Alto 買了一個 duplex，她是為了學區才買的，因為她想讓兒子上最好的學區。她兒子只比我們女兒大一歲，我想我豈能落人後，我女兒也要上學了，我也想到 Woodside 那邊都是富人、都嗑藥、成就都不怎麼樣，而且以西裔居多，我就開始積極的在 Palo Alto High 附近找房子。

　　2010 年前半年，Palo Alto 有一間房子上市，當初的要價是七十多萬，我想我女兒一定要上 Palo Alto 的那個好學校，既然老公不同意，如果買到房子，上面就會是我一個人的名字，"Married woman，Single property "。

　　因為買房的競爭者很多，所以整個出價過程中我提心吊膽，最後以八十五萬成交，而且屋主還主動降價兩萬。

　　賣方是美國人，是位機師，我們的仲介是上海人，他很幫我，他一早就去找屋主，他說下午八點之前，屋主就會決定要賣給誰。仲介早上說：「現在有三個人出價，還好。」一到下午他打來了，現在來了十四個人，要我再出價上加五萬，我說：「好，加。」到了快六點的時候，他說你還得再加五萬，我說，「加。」

這個時候就剩三個人了，一位買方是要貸款的，雖然他願意出九十多萬，但賣方不願意牽扯貸款，因為貸款要花時間。另外一位出的價比我多兩萬多，但我們兩方都是用現金買的。接下來賣方說要見買方。那一天我剛好送我女兒去拉小提琴，正在那附近，我說我馬上就過來。我那天戴一串漂亮的珍珠項鍊，穿著花邊的洋裝，自覺年輕貌美吧！我感覺那個老頭子挺喜歡我的。另外的買方是一對夫妻，老婆是中國人，男的是白人。

賣方提了三個問題，他問我：「你在 Woodside 有大房子，你幹嘛要在 Palo Alto 買小房子？」我說我是為了女兒的教育。第二個問題他問：「你女兒還有兩年才上高中，你現在就買，是不是要出租？」他怕我把這個房子拿去出租，因為他對這個房子已經有感情了。我說我得自己先住一下，準備好，我們至少需要住六個月以上，才能拿著水電費收據去給這邊的學校。反正我回答的都非常好，後來我才知道另外一對說，還要再檢查一下下水道的問題，老頭就不幹了。

事實上，他的下水道確實有問題。但那時如果我把老公叫去的話，他肯定會說房子這麼爛，他也會要求查東查西，我就完蛋了，因為老美都喜歡買裝修好的房子。我後來把整個下水管道全換掉，都有證書，花了五千塊錢。

現在我們在 Palo Alto 已經有兩棟房子了，基本上都是我出的錢，後來我把老公的名字也加上去了，他 Woodside 的房子也主動加我的名字。 我們都各自財源滾滾，所以大家都很大方，沒在錢上面吵過架。

2010 下半年，Palo Alto 的房地產開始狂飆，我是 2010 年三月底拿到房子的，Palo Alto 現在再也沒有任何一棟房子低於一百萬元，我的運氣蠻好的，現在我們房子的價格翻了好幾倍。面對強滾滾的市場，我老公真是驚呆了，他對我佩服得五體投地，我當初若不買的話，現在我們已經買不起了啦。我當初是八十五萬美元買來的，現在有買家要出三百五十萬美元跟我買。

其實 Palo Alto 的房子都很老舊，基本上是 tear down，我到市政府去申請重做，我打了地基，又蓋了一個房子，就是我車庫的地方，我也重做屋頂，我再

把所有的窗戶全都換過，我先租給人家兩年，房客在我這生了兩個小孩。她本來說她願意每月再多給我一千美金，讓她繼續住，我說不行啊，我女兒要來上高中了。

我是一月份通知她搬走的，但她不肯走，因為她要生孩子了，法律規定房客生孩子時，不能趕房客。但我運氣真好，當時我的下水道居然不通了，又找不到原因，後來我們才知道樹根長長了，把下水道給堵死了，下水道一堵，房客就趕快去找別的租房，後來找到一個比我這還少五百美金的房子，然後我和女兒就搬回來住了。

我以前一天到晚跟老公吵架，都是為了房子的問題，我要裝修，他不裝修，後來我自己買了房子，我想要幹嘛就幹嘛，他就沒話語權了。一開始時，他還不肯住下來，後來看女兒跟我兩個人住得蠻舒服，也就搬進來了，現在有人問他：「你家在哪呀？」「Palo Alto。」

現在我五十幾歲了，他七十幾歲，我們的感情越來越好。我們兩個人的房子都是我在管，我從來不過問我先生的工資，我先生把所有的工資全都放到研究所裡做實驗。他一個月大約是五千多加上三、四千元，因為他還在其他地方做顧問。

現在這個 Panoramic Research, Inc. 是我們自己的公司，我先生在名義上是被聘請的，所以研究所有錢時就發工資給他，沒錢時就不給了，他再把其他公司聘請他做顧問的錢，全數放到研究裡面。

Bhutan 不丹現任的總理 Lotay Tshering，當初就是我先生支援了他四年左右，在他最困難的時候，還給他籌錢，所以現在我們到不丹去，人家都把我們當貴賓。

不丹總理 Lotay Tshering（中）

獨步海神花

因為買 Half Moon Bay 農場時,我答應前屋主我會發揚光大他的海神花種植,我開始插枝了一系列的海神花,每一個品種我都有圖片,顯示它的花開出來有多大,任何品種的海神花我現在一看就知道了。

帝王花

我喜歡種花,也喜歡賣花,把快樂傳送到全世界。我在 Amazon 上面是四星級的賣家、在 Google 裡是五星,最近剛下架,因為夏天到了,夏天運植物都會死掉,所以我們到秋天才會開始接單及運輸。

我有一個朋友十幾年前就在找蠟梅,蠟梅花很稀少,非常難插枝,你想想看,我都能把海神花(又叫帝王花,是南非的國花)插出來,蠟梅對我來說不是挑戰。

曾經帝王花

      我的插枝技術是我的商業機密，我的海神花在灣區沒人種得出來，我有上千枝，我都是插枝插活的。插枝非常難，還好我有生物科技背景的優勢，摸索了好幾年才摸索出來，但僅僅插活還不夠，還有後期管理。你就算買了我的海神花，後期管理不行，還是開不了花，我現在只要在 Amazon 上開賣，馬上都會賣光。加州現在有三四十家種海神花的農場，基本上供不應求，所以盆花及插花的價格都非常昂貴。

      海神花的壽命不超過 30 年，嫁接若是用不同種還是活不了。我一開始就喜歡這美麗又高貴的海神花，買了這個農莊之後，我自己學，慢慢就變專家了。

      我現在不願意賣給 Amazon 了，因為他們的客戶散佈全美國，運送風險很大。賣給 Costco 時，你只是賣給你附近的 Costco，可以賣大盆的 (五加侖)，

海神花的花期很長，有 9 個月。Costco 總部在西雅圖，我得先跑西雅圖一趟，把東西給他們看，沒看到東西他們是不會買的。

我妹妹在中國，她很好奇，她想姐姐的農莊有這麼多海神花，還賣那麼貴，中國現在有好多人都喜歡名貴一點的花，放在家裡，或是結婚時佈置禮堂、讓新娘做捧花，可以顯出自己的身份不凡，所以她也看到了商機。我的海神花還可以吃呢！

我剛接手 Half Moon Bay 農場時，沒聽過有人可以插枝海神花，我慢慢摸索了兩年左右，找到一種特別的配方能讓它長根，再用來插枝就會插活。海神花長根特別慢，一般來說要 6 個月才會起根，很多植物幾天就可以起根。我的土壤都是消毒過的，我不隨便用別人用過的土。

至於怎麼會選上海神花？因為我做過市場調查，發現海神花很稀少、很珍貴，我要做的東西是人家沒有的，人家都有的你也賣不出好價錢。海神花叫做 Protea，又名帝王花，原產於非州地區，是南非的國花，目前它至少有八十五個種類，它在美國市場逐漸興起，價格比玫瑰還貴，因為海神花花朵很大、少見、難養、有異國風情、環保、花期長、不需要天天澆水，所以潛在的市場相當可觀。加州的氣候怡人，不冷也不熱，只是夏天常常缺水，海神花在夏天不太需要澆水，所以能夠安然度過炎夏。

海神花現在常被用作婚禮及婚宴上的用花，因為昂貴少見，婚禮上用它更能突顯主人的貴氣，非常受到新生代的追捧，風行世界。

很少人知道的是，美國的花市現在掌握在日本人手上，日本以前因為土地貴，不種花，鮮花每年進口。這些年它想通了，自己開始種花，而且研究的非常精密透徹，現在它已經成為鮮花出口國了，雖然它們的花價比別的國家貴 4 倍，美國花店在剛開始時都不敢買，但後來發現日本的花實在漂亮、花期又長，所以美國市場慢慢的就接受了，現在談到日本花，已經是一個品質保證的進口國家了。

日本人喜歡插花，歷史悠久，海神花是他們最喜歡的插花品種，因為剪下來後可以維持很久，但它對水的質量要求頗高，水裡不能有太多的磷及氯，自來水里氯很多，所以要想辦法克除，它也不喜歡化肥或動物的糞便。

有一家 Santa Cruz 的農場種過海神花，但因為他們換了一個園丁，這個人不懂得海神花有表面的根系，就像蘭花一樣，他居然把花的表面根系全都剪掉，結果那批海神花全軍覆沒。

海神花的剪枝，不但時間持久，乾了以後還可以成為乾花，在婚禮派得上用場，但它量少、來源不穩定，所以價格昂貴，現在它慢慢的普遍了。我的優勢是我百分之百可以插活它，它比玫瑰容易照顧，只是不能隨便亂剪，不像玫瑰越剪、長得越好，你把海神花減枝以後，整株就會死。

海神花是多年生，可以活 30 年左右，我賣的插花可以活 25 天，是花期最長時間的花，而且一盆中這朵開完了，另外一朵接著開，這個品種開完了，另外一個品種繼續開，一盆可以連續存活四五個月左右，是插瓶花裡壽命最長的。我目前種了大約 30 個品種，基本上蠻全的。海神花不耐霜，下霜就完了，還好 Halfmoon Bay 沒有霜，但有求之不得的露水。

現在我們辦公室的建築物佔地兩萬一千英畝，後院是我的苗圃，各種植物都有，除了海神花，還有檸檬樹、枇杷樹，還有黑松露 Truffle。

一盆最長壽的組合

研究領域 花費驚人

2004 年，Roche 拍賣一批化學製劑及抽風設備，都是挺昂貴的設備，也都是新的，抽風機有十個，我們只花一萬塊錢就全部搬回來了，現在一個新的抽風設備起碼要一萬多塊錢，用租的一個月要至少要四千塊，否則人家不租給你，我們就這樣篳路藍縷的建立了好幾個生化科技實驗室。

有幾次老公都想把 Panorama Institute, Inc. 給關掉，因為研究藥物很花錢，要靠我們其他的房地產的收入來維持，他所在的這個辦公室就是我買下來的。我每次都安慰他：「Everything will be okay。」還真的 ok 了，目前我們還沒有開發到成品的藥物，未來公司可能會上市，或是跟人家合作上市，前景看好。

我們的實驗室很大，有兩萬多呎，研究室分四個組，每個組有不同的研究項目，也有自己的預算及經費，年收入約 2.16 million，開銷也差不多。你想想，在美國雇了快二十個科學家，要花多少錢？我們 1991 年開業，也三十多年了，房產是自己的，至少房租省下來了。以前我們是租人家的，每個月要多花兩萬多美金。

我從 2009 年開始管公司的帳，現在我們越做越好，以前老公在管帳時，他的心不在那，他一心不能二用，所以我很敬佩他們搞科學的，全神貫注，有始有終，不像我們開公司的，都是錢賺完了就跑了。

我們公司上市可以登時賺大錢，我很難跟你講內容，但我可以告訴你，這三十年來，生命給我的基本上都是驚奇，像是現在手上的項目，我們期待它有結果，結果沒出來，反倒是我們沒期待的，就開花結果了。

我本人從房地產上賺了不少錢，我基本上不賣，就收租金。我老公從不拿錢出來整修房子，都是我在裝潢、找人、花錢，但我老公真的不錯，他也很依賴我，實話實說，我老公真的是在我手上發的。

輕鬆養蘭

　　想要學會養花，就得一天到晚學習，好多知識都在 YouTube、維基百科裡，我經常會去看。我現在也在準備養中華鱘，把我山上的大池子拿來用。我先研究魚需要什麼樣的環境，溫度、水溫、水的清潔度是怎麼樣，是軟水還是硬水。我們家的泥鰍長的可好了，我有個小池子，約有二千加侖的水，我把水循環起來，就會非常的好用，我現在正在做養鴨子的地方，反正我整天忙著，事情不會斷的。

　　在中國的時候，夏天的害蟲很多，就是因為溫度太高、濕度太高，在美國的農產品中，害蟲相對少很多，因為美國是地中海氣候，不太熱、不太冷、又乾燥，細菌、寄生蟲多半活不了。

　　蘭花是不能經常澆水的，蘭花有喜歡的濕度和溫度，它最喜歡的溫度是75~85度之間，高於85度它容易生蟲，所以種植的媒介要很乾淨。蘭花的分支在新加坡都是用組織培養方式做的，它很乾淨，細菌很少，蘭花需要新鮮的空氣。

　　蘭花很難繁殖，每盆開始的時候很小，到後來氣根就開始長出來了，有些根跑到外面去了，盆子太小了吧？蘭花的盆不需要很大，基本上都是小盆，2寸、3寸、4寸，然後6寸。據我所知，種蘭花一般不會用超過6寸的盆，盆是軟的，盆底不能有細菌，蘭花的根一爛，就要把它剪掉，剪刀要先消毒過，這樣它才不會受感染。

　　養蘭花絕對不能用土，因為土中細菌太多了，一般種蘭花的樹皮、木屑，都是先消毒過的，每包貨品上面都會有標籤，說明它消毒的時間。

　　我養蘭花超過10年了，蘭花非常喜歡肥料，它的肥料是碳水化合物（糖類），而所謂的糖份就是能量。肥料無非氮、鉀、磷這三類，蘭花特別喜歡磷，

磷要多，你看我養的都長得這麼大了，我準備長到1000盆左右，就直接賣給Costco，它的銷售額最大。

有香味的蘭花的種植要求跟一般蘭花差不多，花季都有三個月。有的枝上只有兩個花苞，有的上面一大串，但很多苞的往往還沒開花就枯萎了，那時你就得把花苞剪掉一些。就像果子一樣，如果你有4個蘋果在1顆樹上面，你不先去掉2個的話，其他2個蘋果一定長不大。

一般來說，14天施肥一次就夠了。還有一個好辦法，就是拿個一加侖的桶子，裡面放水及肥料，再把蘭花盆直接放在裡面，一小時以後，再把它拎出來，這個水桶還可以再浸其他的花，14天以後再做一次。記住，爛的根一定要剪掉，好的根留著，蘭花需要空氣，它有氣根，氣根是要保留的。

Amazon v. Costco

我現在不賣給 Amazon.com，因為賺不到錢。上 Amazon.com，它先每個月收你一筆錢，然後賣掉植物時，它再收 30%。一上 Amazon 我就挺忙的，因為全美國的人都上 Amazon，他們看見稀有的植物就會來訂。我的植物都很嬌貴，它們也不喜歡太熱，最佳溫度是 75~85 華氏度之間。在運輸當中，如果太熱的話，花就會死，但運輸的人才不管你呢，他也不知道你運的是啥東西，就算你標示「Fragile」脆弱，他還以為你是在賣玻璃產品呢，他就把你的貨放在太陽底下曬，花也是生命，黛玉還要葬花啊！結果曬過的花奄奄一息，送到就死了，你還得賠客人，多划不來啊！

我現在只賣給附近的 Costco，附近有好幾家 Costco。Costco 一賣就是大量或者是 5 加侖以上，而且都是已經開始開花了，原來我在 Amazon 一次就只能賣一加侖那種小巧的植物。實際上，所有的植物都是兩年以後會長得特別快，一般也不會死，就像動物一樣，我們養的動物，通常兩三個月以後就不容易死了。

怎麼知道哪一種花需要哪一種養分，你要學習，天天上網找知識，但有的東西你也問不到，要靠自己的實踐，就怕有人傳授錯誤的知識。鴕鳥是我自己養的，我現在熟悉每一個步驟該怎麼樣做，所以實踐才是王道。

加州黑松露 Truffle 第一人

　　我也種法國的黑松露，我種了 108 棵，是用榛果樹 Hazelnut 作為載體，黑松露種在它的根部，現在都長得很大了。榛果樹要在一定的條件之下，根部才會結果。一般的榛果樹是沒有黑松露的，我們要在樹還小的時候，就要把黑松露的基因轉進去，等小樹的根部慢慢龐大之後，根部才會長出黑松露來。

　　想挖的時候，要用有訓練過的狗去聞它，然後再把它挖出來。母豬的敏感度也是很大的，但由於母豬非常喜歡黑松露的氣味，它與誘發母豬性衝動的豬烯醇類似，母豬常會直接把找到的松露吃下，不易為採集人所控制。而且豬鼻子在拱開地面後，會破壞松露的菌絲體，導致以後的松露產量下降，因此 1985 年以後，義大利政府禁止用豬來挖掘黑松露。

法國洛特省吉尼亞克的豬在尋找松露

法國瓦爾省蒙村的狗在尋找松露

歐洲人將松露與魚子醬、鵝肝並列「世界三大珍饈」，屬於高貴食材之一，特別是法國產的黑松露（*Tuber melanosporum Vitt.*）與意大利產的白松露（*Tuber magnatum Pico*）評價最高。

松露有一股類似煤氣的雄烯酮的味道，自古便有許多人為之著迷。

「那股香氣曾被形容為「人間所無，有點難以置信，殆凡氣味絕佳者概如是也。」那氣味滲透力之強也十分驚人，可以力透層層紙張，甚至塑膠袋。只需要輕嗅一下就夠了，若是吸得濃一點就過頭了，會叫你食慾全無的，因為那氣味好濃好像臭豆腐。」——《有關品味》

1825年時法國著名美食家布里亞-薩瓦蘭（Jean Anthelme Brillat-Savarin）在其著作《味覺生理學》（Physiologie du Goût）中便盛讚松露為「廚房的鑽石」。

我種黑松露已經九年了，但意大利白色的黑松露我們現在還養不出來。人類開始種植黑松露已經有200年的歷史了，它實際上就是跟蘑菇一樣的東西，為什麼現在要種，因為它有抗癌的功能，我們現在發現蘑菇也有抗癌的功能。

我是用二十加侖的大桶種的，共種了一百零八棵榛果樹，我老公研究所裡有專門做PCR的人，可以替我檢驗黑松露的樣品是真是假。現在網路上有很多看起來很像黑松露的，我去訂過，常常發現是假貨，我現在種的可是貨真價實的法國黑松露。

我有一個朋友是法裔美國人，伯克利大學的教授，他從Napa那邊開始種黑松露，他介紹我認識一位Oregon大學的教授，我的黑松露是從Oregon那邊拿來的。法國以前就種Truffle，美國沒有好的條件，法國有，但因為美國的高科技是先進的，所以只要研究出來確認它有抗癌的作用，大家都會去種。

我開始種植時，教授說我應該先把它種在盆里，我們自己有研究所，可以事先檢測我要種的東西是否真品，再把它轉基因到榛果樹下。我先把小榛果樹種在20加侖的盆裡，種了大約四年，黑松露就跟著樹長，它像一個寄生蟲，樹胖它也胖，樹瘦它也瘦。四年後我的樹都已經長大了，有六呎高了，20加侖的盆裡已經長滿了。

樹大約有4呎高的時候，我開始剪枝，發現一顆小小的東西，白白的像蘑菇，它是一層一層長大的，所以它看起來像神戶牛排的肥油。我拿了一點，到我們實驗室去做確認的時候，顏色已經變黑了。

我們做實驗時，一定需要用一個 positive control（真貨）、一個 negative control，用什麼都可以，如果驗出來我們的東西跟 positive control 一樣，就可以確認我們的是真貨。

為了尋找真貨，我們去 Palo Alto 的法國餐廳 Baumé 吃了好幾次，真貨、假貨都吃過，只是每次在那家法國餐廳吃一餐就要四、五百塊美元以上。有一次我們特地指定說就要吃黑松露，要他給我們加黑松露，又花了 100 多塊錢，他才切了一小片給我們，我就把它放到小試管里，帶回公司。最後發現我們從農莊拿來的樣品才是真的，餐館花了那麼多錢給的竟是中國來的假貨，真的黑松露是 1500 美元一磅，中國貨只要 50 多美元一磅。我想這家餐館應該是一會兒給你真的，一會給你假的，肯定要這樣才能混下去。

後來我把真的黑松露種下去了，黑松露跟著上面的榛果樹成長，下面的土壤最適合的是 pH 7.5~8.5 之間，還要放蠔殼 oyster shell 磨成的粉，每年加減放，以調整土壤的 pH 值。七年以後，黑松露慢慢的開始長了，一畝最多結了 10 個果子，第 2 年多一點，第 3 年更多了，我想產量少就是它為什麼這麼貴的原因之一吧。

就像鴕鳥蛋一樣，養鴕鳥第一年它不會下很多蛋，到了第 7 年就是它的高峰期，一隻母鴕鳥就可能給你生 40 多只蛋，就是這麼回事。

我們還沒開始賣黑松露，將來快賣的時候要去租一條狗，狗聞得到黑松露的氣味，差不多每年 8 月底就會有氣味出來。它都長在比較淺的位置，所以我們也不用挖的很深。

上次我剪枝的時候，發現了這麼一小顆，有幾顆就有一磅了，就是 1500 美金的價格。它是硬的，讓它乾燥，一般不會壞。當然越新鮮它的香味就越濃，像蘭花一樣。

白松露 Tiber magnatum 也是屬於真菌類，比黑松露還稀少、珍貴，被稱為「白色鑽石」。白松露要生吃，免煮，有其獨特的香甜味，類似蒜頭的濃郁香味，一煮就走味了。目前我在加州還種不出來。

故鄉的絲綢

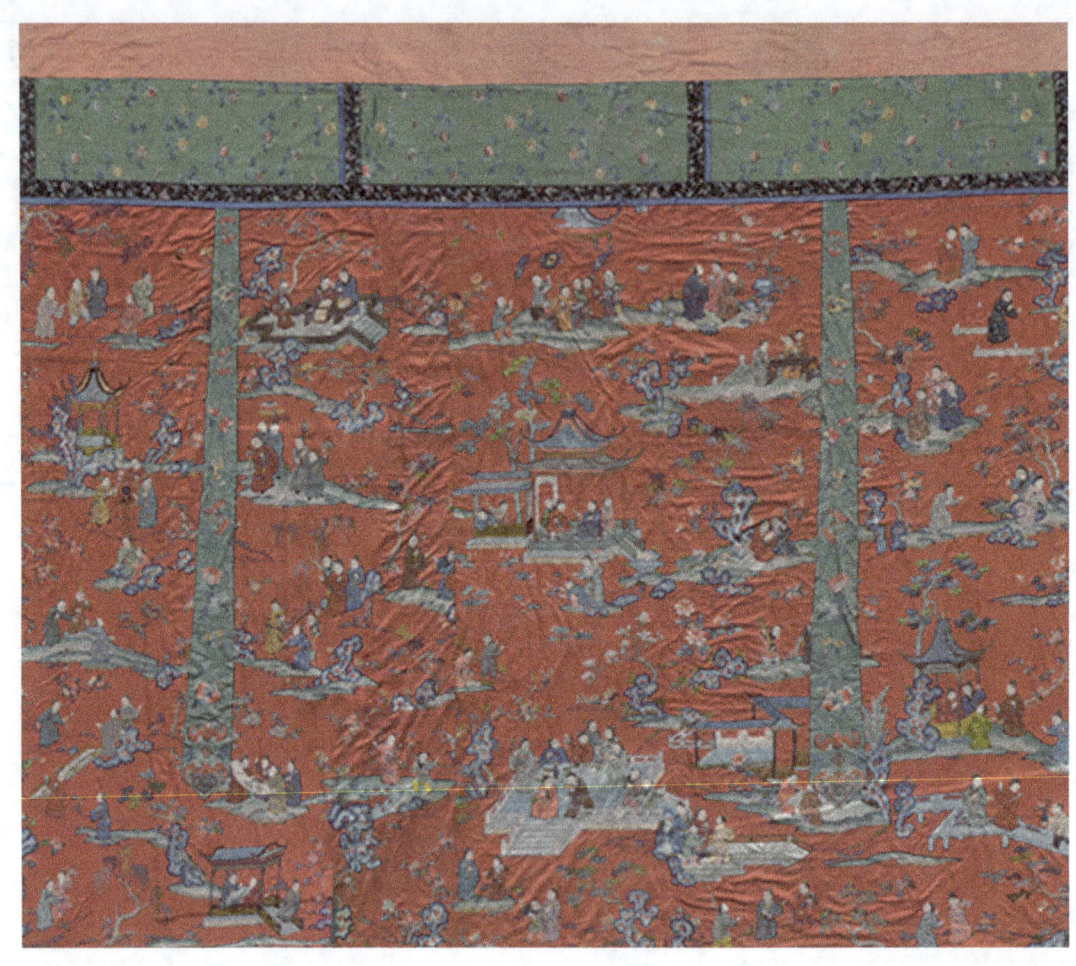

　　我來自絲綢之都杭州，杭州絲綢甲天下，十幾年前浙江絲綢工學院的高人把基因放進蠶寶寶裡，所以現在蠶寶寶吐出來的絲有蛋黃、橘黃、土綠、粉紅色，織成了各式各樣淡色的絲綢，所以這些布不用再染色了，可以直接做成衣服。

　　目前還沒有深色的絲，深色的絲布要染色，要紅色的布可以用火龍果染，它是天然的色素，也很環保。

一般八、九歲的小孩會非常喜歡看蠶寶寶的進化過程，從小寶寶、吐絲成蛹、長大成蛾，蛾在15天後破繭而出，雄蛾再跟雌蛾交配，雌蛾產卵，自然死亡，卵又在春天孵化成蠶寶寶，短短的40天至60天裡，一個世代交替就完成了。

　　浙江絲綢工學院最早叫做「蠶學館」(1897-1908)，被清廷譽為「開全國桑蠶改良之先鋒」，1928年改名為「浙江省利桑蠶科職業」，1964年又改名為「浙江絲綢工學院」（1976-1999），2004年更名為「浙江理工大學」，以絲綢紡織為特色，以工為主，我們跟那所大學的專家都很熟，經常跟他們請教，希望有一天我們也在 Half Moon Bay 的農場裡成立一個絲綢研究所，養我的蠶寶寶們。

　　絲綢被是不能洗的，材料都是高蛋白，桑蠶絲是人類最早利用的動物纖維之一，本身具有較好的吸濕性、透氣性，手感柔軟、懸垂性好，但濕強力較低，所以蠶絲在水洗之後會縮成團，它內部的纖維結構遭到破壞，失去了它原有的蓬鬆性和保暖性，無法正常使用，對其壽命也有很大的影響。

　　我告訴你一個檢測絲綢真假的方法，化纖被和真正的絲被是不一樣的，你把被子翻過來，在旁邊有接縫的地方剪一小塊，用火一燒，全都變灰的，就是真絲，打結的就是化纖，真絲灰一吹就沒了，化纖的話，燒起來還有個氣味，蓋在身上它會起磕、小顆粒，真正的絲綢被是冬暖夏涼的。

　　我老公回憶我在臥房裡養蠶寶寶，他還畫了一幅漫畫，他說，「有個女孩姓陳，她微笑著養蠶寶寶，沒多久她就嚇到了，因為蠶寶寶已經爬上了她的臉頰。」

There was a young lady named CHEN
Who nurtured her worms with a grin

   But after a round
    To her horror she found

The worms were up to her chin!!

老公畫的幽默漫畫

規劃老後

我覺得人活著就要多動腦子,如果不動腦子,又整天憂鬱的話,就很容易得老人癡呆 Alzheimer's。如果我老公得了 Alzheimer's 的話,我就只能照顧他吧,我覺得我們三十幾年都一起過來了,我不會見死不救,把他給放棄的。萬一他活到一百歲呢?我也會照顧他,我就屬於那種活力充沛、拚命做的人。

陳駿 攝於2021年12月底

我通常都會在前一個星期安排我下星期的生活,買什麼菜我都會列單,然後我會先想明天要做什麼,今天要先準備什麼東西,勤動腦筋才不會傷腦筋。就像我們每個週末都會去 Mariposa 農莊,那邊比較偏僻,離最近的城市還要開二十多分鐘的路程,所以一定要先規劃要帶的東西。

這麼三十多年的婚姻下來，我發現白人都有同樣的問題：

第一，拒絕買房地產，什麼原因我也不知道，不像我們中國人「有土斯有財」，他們覺得不需要房地產比較方便，不用忙裝修，不用忙水忙電。我 Palo Alto 的第一個房子，買的時候要簽字，不是我叫老公簽字的，是我的房地產經紀人一定要他簽，叫他放棄他的權利，我老公非常大方，馬上就簽了。

第二，他們從不替子女著想未來的事，他們覺得小孩要靠自己。他們的特質是自己管自己，一般來說他們都是很自私的，你也可以說是很獨立。他們需要的時候，你幫他一下，他們會很感激。

第三，他不會替你想未來，所以你一定要自己去想、去規劃。

我墳地買好了，老公一開始就不贊成，我買的是家族的墓地，就在 Half Moon Bay 那，當初買的時候十幾萬美元就可以了，還可以貸款。但老公打死不肯買，他說：「你把我的骨灰灑在 Half Moon Bay 就行了。這麼漂亮的地方，我都可以看，還可以看大海。」我說：「這是農莊耶，我把你埋在裡面不尊敬。」

我後來小心翼翼的告訴女兒，如果媽媽真的先走了，你跟爸爸講，媽媽已經買好了十五個在 Half Moon Bay 的墓地。你到時候去保險箱找，就會找出文件來。後來我在 2015 年告訴老公，他才知道已經準備好了。

我老公這個美國白人若是在中國生活，肯定是過不下去的，因為他想要說啥就說啥，想做就做，他就是跟著性子走。他若是說了不好聽的話，你還在覺得不舒服，可是他已經忘記了，他心裡有東西馬上就會說出來，我們中國人含蓄、糾結，我覺得美國人這點不錯。

我總結了經驗，白人安逸於現狀，中國人則永遠在為未來奮鬥。

我們永遠在拯救世界的途中……
On our way to save the world……

James William Larrick, M.D., Ph.D. and 陳駿 *Jun Chen, M.D.*
Laboratory and Office: Panorama Research Institute

WEBSITES:
1.pano.com

The Panorama Research Institute (PRI) houses the non-profit Panorama Institute of Molecular Medicine, Panorama Research In. and various start-up companies. PRI is a privately-owned biomedical research and development holding company. The Panorama Research Institute is based in a 45,000 sq. ft. state-of-the art laboratory and office building located in the heart of Silicon Valley, California.

The PRI serves as the incubator for the following companies （The PRI 是很多初始公司的培育中心，名單如下）:

Adamas Pharmaceuticals Inc

CytoMag LLC

Dyax Inc

Extend Pharma LLC

Fibralign Corp

Galaxy Biotech LLC

Igenex Inc

Integrigen Inc

Kalobios Inc

Larix BioScience LLC

Life Science Angels Inc

Lucidant Polymers Inc

MagArray Inc

PanoLife Products Inc

Panorama Institute of Molecular Medicine

Planet Biotechnology Inc

Quality Control Labs Inc

NuGen Technologies Inc

Quantagen Inc

Regenerative Sciences Institute

Theron Pharmaceuticals Inc

TransTarget Inc

Velocity Pharmaceutical Development LLC

Vitesse Biologicals LLC

WntGen LLC

Xagros Inc

Our humanitarian projects including（其他慈善項目包括）：

Bhutan 2015 Expedition（2018 年 我的不丹之旅）

Synopsis

1. Learn as much as possible about the medical/health needs of the country: document visits to hospitals, outpost clinics, etc.
2. Engage members of Bhutan's medical community making contacts for future work.
3. Participate in medical/surgical outreach programs.
4. Based on above: Initiate medical philanthropic program(s) in Bhutan.
5. Ethnophotographic documentation of Bhutanese culture and society.

Medical and Surgical Outreach Clinics with Dr. Tshering Lotay, urological surgeon

2018 年，我跟老公去不丹訪問他常年資助的老朋友，現在已貴為不丹總理的洛塔．策林 Lotay Tshering，我們也爬了佛教徒一定要爬的聖山：康哥爾本蘇山 Gangkhar Puensum，海拔有 24,836 英尺，是不丹最高的山，位於不丹與西藏的邊界。

洛塔跟我先生是 2007 年在英國認識的，那時洛塔是美國 Medical College of Wisconsin 的住院醫生，拿的是世界衛生組織的獎學金，他們當時正好都在英國開會。認識以後，我先生就長年的資助他一些費用。不丹是個窮國家，據說直到現在，他還是不丹這個一百多萬人的國家中唯一的泌尿科醫生。每逢星期六，他就會在不丹首都廷布的國家轉診醫院「兼職」看病人，洛塔在受訪時表示，兼職醫生對他而言是一種「解壓方式」，他認為從政和治病救人之間存在相似之處。

我老公跟他認識時，不知道他會去競選不丹的總理，不丹總理的任期是 5 年，他是 2018 年上任的，做到 2023 年。他有三個小孩，兩個是收養的。

最後的香格里拉

不丹的急診室

總理與夫人出訪

這個國家很小,是個民主國家,晚上你走在外面都沒關係,非常的安全,它也是個佛教國家,受到西藏很深的影響。上次在不丹,有人問我但是不是中國人,我住在美國舊金山已經 20 多年了,拿的是美國護照,所以我說我是美國人,後來才知道因為西藏的緣故,那邊的人並不喜歡中國。

不丹是清朝時從西藏分裂出去的。60 年代,不丹公開宣佈它不再是印度的一部分,它是一個獨立自主的國家,可以處理自己的外交關係。1971 年,不丹參加聯合國組織,2008 年,成為君主立憲制的國家,有多黨參與選舉,成立民選政府,只要 2/3 的國會議員通過,還可以彈劾國王。

我們親眼看到洛塔和反對黨的人在握手言歡,非常和諧,若是在其他國家,他就有被暗殺的可能,都是為了權力。因為他只做 5 年,他確實是想要做點事,大家都是為了國家,心存善念,一片和氣。

我們在他的總理官邸門口,拍了一些照片。

總理洛塔在官邸前

老公在總理官邸門口

我也看了他們的房子是怎麼造的，他們造房子全是用手工，蓋房子時，女人拿個棍子在打樁，一面唱個，男人則是搬木頭、石頭，蓋一個房子要三個月。

不丹女性打樁蓋房子

　　出了首都，首相的秘書長和警衛安排我們去旅遊，我們跟一家人住在一起，房子很舊，養了牲畜，裝修很有特色，還供奉了神壇。他們吃飯是用手抓的，真是很獨特的經驗。和西藏一樣，不丹是個母系社會，一女可以有多夫，有錢的家庭會把小孩送到歐美受教育。

我們參觀了不丹的醫院,他們每位醫生都要看很多科,既是內科醫生也是外科醫生,還兼小兒科。他們的醫院建築像我們的博物館,非常出色。在疫情剛開始時,我老公送了很多美國 Covid 疫苗給他們,現在則是由世界衛生組織提供。2019 年,聯合國開大會,我們飛去紐約與洛塔及夫人見面,待了三天。

自左:洛塔、不丹駐聯合國代表、老公和我

2010 年印尼之旅

我們常去國外做商務兼旅遊,2010 年我們到了印尼國家公園的島 Komodo Island,那時我們已經有了印尼的項目,就是提供醫療器材給 Komodo Island 上的鄉村 Flores, Indonesia。

我在 Komodo Island 上看到科莫多龍 Komodo dragon,是世界上最大的蜥蜴,藉著旅行我能學到很多東西,覺得非常榮幸及開心。

我們在參觀之後去拜訪島上的醫院,我老公三步不離本行,他會立刻去看

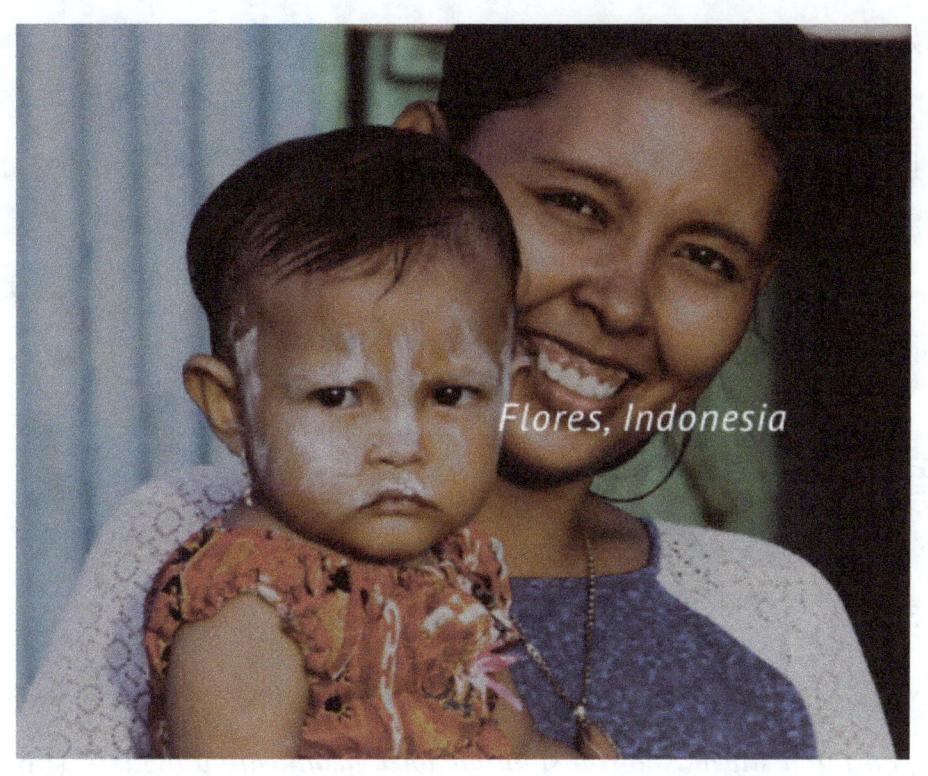
Flores, Indonesia

當地醫院有什麼醫療設備上的短缺。我發現他們當時用的血壓計，就像中國 80 年代用的水銀水壓計，水銀還漏了出來。我嚇了一跳，雖然他們那邊的人都不會很胖，但是這麼大的一個旅遊島，他們小小的衛生院怎麼還在用我們 30 年前的血壓計？萬一有人在島上旅遊一下子中風了，怎麼辦？到時候連血壓都量不出來，搞什麼？我老公也是 Doctors Without Borders 的成員，我們回美國後，就寄給他們很多電子血壓計及床位。

其他項目

1. juvare.org

Juvare facilitates the delivery of better healthcare to those less fortunate by providing material support and stipends for outstanding local healthcare providers. (Juvare 捐贈物資與金錢給落後地區辦理的較好的醫療機構) *Through engaged community members and direst support, we make serve the immediate concerns of communities.*

Turmi Clinic, Omo Valley, Ethiopia

2.panoramaparkbenhur.org

The Panorama Park at Ben Hur offers over 5200 acres of wild California country. （這座 5200 畝的農莊是野生動物的庇護所）*The gentle foothills, granite hillsides, and sprawling meadows offer refuge for a wide range of Sierra wildlife.*

3.vpd.net

這家公司找到未來可能做成新藥的元素，將其從「概念」推動至獲得部分臨床的證明。

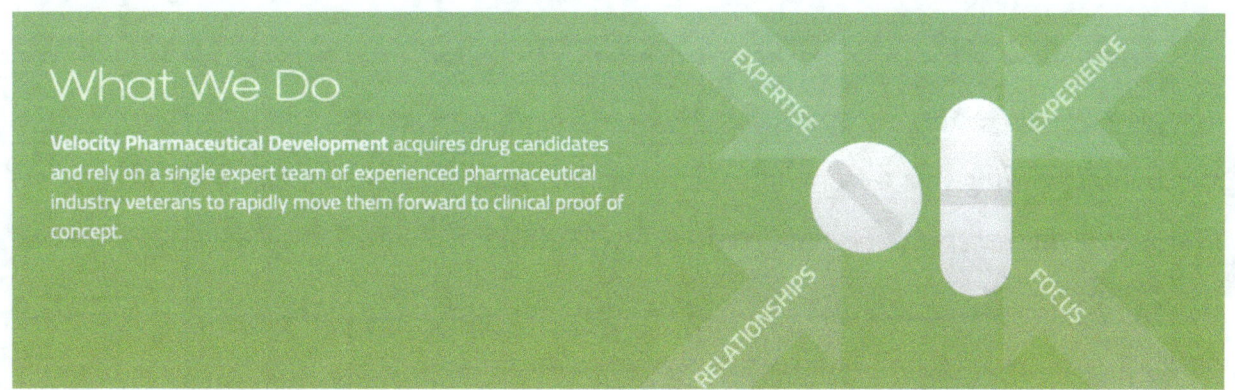

4.X37.ai

X-37 is a pharmaceutical discovery and development company, which uses advanced artificial intelligence technology from Atomwise, Inc. to discover novel drug candidates by screening vast libraries of chemical compounds against high-value pharmaceutical targets. （用人工智能技術，尋找可能的新藥。）

X-37 has initiated five development programs in areas of high medical need including cancer, autoimmune diseases, and coagulation disorders. The team at X-37 will advance drug candidates identified via AtomNet through initial screening assays and pre-clinical testing with a goal to begin human clinical trials in 2022.

5.autobahn-labs.com

Innovative science flourishes in academic research institutions. However, drug discovery requires highly specialized expertise, significant technical resources, and substantial funding. We work with institutions and their faculty to identify novel concepts that might not otherwise be resourced. （我們與學院及它們的科學家合作，尋找尚未被發現的新概念）*Together, we will develop IP, de-risk programs early and identify a path forward to a preclinical development candidate.*

December 2, 2021
AUTOBAHN LABS ANNOUNCES STRATEGIC COLLABORATIONS WITH THE UNIVERSITY OF PENNSYLVANIA AND BOSTON CHILDREN'S HOSPITAL
READ MORE →

June 7, 2021
AUTOBAHN LABS INCUBATOR ANNOUNCES PARTNERSHIP WITH COLD SPRING HARBOR LABORATORY TO ADVANCE NOVEL SCIENCE TO THE CLINIC
READ MORE →

December 21, 2020
AUTOBAHN LABS AND UCSF ANNOUNCE STRATEGIC DRUG DISCOVERY COLLABORATION
READ MORE →

June 24, 2020
WHY A GERMAN DRUG MAKER, UCLA AND A PALO ALTO VC TIRED OF SHORT-TERM INVESTMENTS STARTED A 'VIRTUAL INCUBATOR'
READ MORE →

老公著作等身

截至 2021 年底,我老公發表了 10 本書及 283 篇論文:

這是他最近的兩本書:

研究老化的醫學意義 1 (2013)

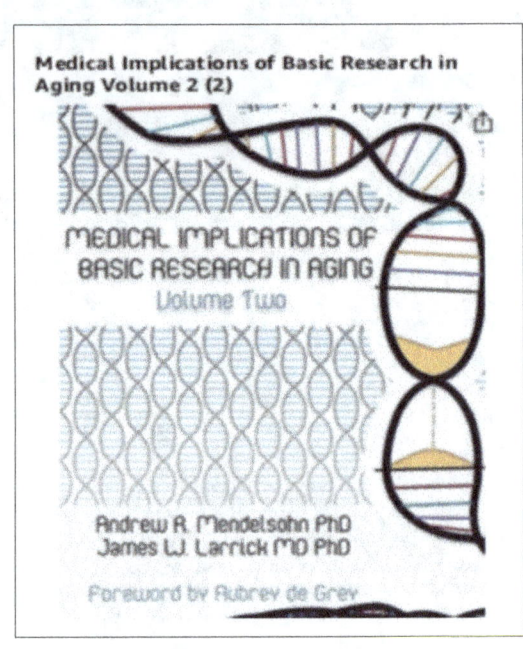

研究老化的醫學意義 2 (2018)

他的書目:

1. Engleman, E.G., S. Foung, Larrick J.W., and A.R. Raubitschek (eds.), *Human Hybridomas and Monoclonal Antibodies*, Plenum Press, New York, 1985.

2. Burck, K.L., E. Liu, and Larrick J.W., *Oncogenes: An Introduction to the Concept of Cancer Genes*, Springer-Verlag Publishers, New York, 1988.

3. Borrabaeck, C.A.K. and Larrick J.W. (eds.), *Therapeutic Monoclonal Antibodies*. Stockton Press, New York, 1990.

4. Larrick JW, and K.L. Burck, Gene Therapy: *Application of the New Biology.* Elsevier Science Publishers, New York. 1991.

5. Kung, A. H-C., R. Baughman and Larrick J.W. (eds.), *Therapeutic Proteins : Pharmacokinetics and Pharmacodynamics.* W. H. Freeman, New York. 1992.

6. Larrick JW and P. Siebert, (eds.) *Reverse Transcriptase PCR (RT-PCR)* New York: Simon and Schuster. 1995.

7. Larrick JW (ed.) The PCR Technique: Quantitative PCR. Eaton Publishing, 1997.

8. Siebert PD and Larrick JW. (eds.) Reverse Transcriptase PCR and Cloning Methods. Eaton Publishing, 1998.

9. Mendelsohn A and Larrick JW. Medical Implications of Basic Research in Aging. Amazon.com, 2013.

10. Mendelsohn A and Larrick JW. Medical Implications of Basic Research in Aging: Volume 2. Amazon.com, 2018.

老公的專利列車：

73 patents granted, 36 patents pending.

P1. Englemann E.G., Larrick J.W., Raubitschek A.A., Foung S.K. Process for making T cell hybridomas. # 4,950,598. Aug 21 1990.

P2. Larrick, J.W., A.A. Raubitschek, K.E. Truitt, inventors. Human Lymphoblastoid cell line and hybridomas derived therefrom. U.S. Patent #4,897,466.

P3. Larrick, J.W., G. Ringold and F. Torti, inventors: Cetus Corporation, assignee. Use of tumor necrosis factor as a weight regulator designated state. European Patent #86903084.1. US# 4,684,623.

P4. Larrick, J.W. and A.A. Raubitschek, inventors. Pseudomonas aeruginosa exotoxin A antibodies, their preparation and use. U.S. patent No. 4,677,070.

P5. Larrick, J.W. Pseudomonas aeruginosa type-specific murine monoclonal antibodies, their preparation and use. #US--H000494.

P6. Larrick, J.W., B.M. Fendly and T.E. Deinhart, inventors. Monoclonal antibodies against C5a and des-arg-C5a, their production and use. European Patent #87303762.6.

P7. Markowitz, A.B., B.M. Fendly, B. Iglewski and Larrick JW, inventors: Monoclonal antibodies to Pseudomonas aeruginosa exoenzymes, their preparation and use. European Patent #87303542.0.

P8. Larrick, J.W., and G. Senyk, inventors: Human cell line and triomas, antibodies and transformants derived therefrom. European patent #88108421.4. US#5,001,065.

P9. Larrick, J.W., A. Tam, K. Fry, inventors: RNA and DNA amplification techniques. European patent #89909366.0.

P10. Fry, K., A. Tam, Larrick JW, inventors: Sequence-specific amplication techniques.

P11. Larrick, J.W. and Y. Chiang inventors: Amplification and cloning of immunoglobulin variable region-encoding DNA sequences.

P12. Ralph, P., M. Piatak, J. W. Larrick, inventors: Multifunctional proteins and genes encoding thereof. US#5,567,611.

P13. Lang AB, Cryz SJ, Larrick JW, inventors: Human monoclonal antibodies to sero-specific determinants of gram-negative bacteria.

P14. Wright S. and Larrick JW, inventors: Use of butyrophenones and other drugs against disorders due to tumor necrosis factor and/or RES activation.

P15. Wright S. and Larrick JW, inventors: Use of phenothiazines and aminobenzamides against disorders due to tumor necrosis factor and/or RES activation.

P16. Larrick JW, LL Houston, ES Groves, inventors: Method for controlling hyperproliferative diseases. US#5,670,151.

P17. Larrick JW, AR Raubitschek, KE Truit, inventors: Human lymphoblastoid cell line and hybridomas derived therefrom. US Patent # 4,897,466.

P18. Morgan JG and Larrick JW, inventors: CAP37: a macrophage specific chemotaxin.

P19. Larrick JW, inventor: Gram-negative bacterial endotoxin blocking monoclonal antibodies. European Patent #: 89904495.2.

P20. Larrick JW, KE Fry, J Crowe, E Wallace, P Cheung: Anti-RSV monoclonal antibody and method. ser. #: 07/847,694.

P21. Wright SC and Larrick JW, inventors: Composition and methods for potentiating cytotoxic drugs. ser.#: 07/865,405.

P22. Larrick JW and Wright SC, inventors: Mammalian cationic proteins having lipopolysaccharide binding activity. pending USA Patent #6,103,888.

P23. Wu Chu-tse, Qiang Tu, Fu-chu He, Larrick JW. Hepatokine and methods for its use. Issued USA Patent #5,440,022, August, 8, 1995.

P24. Wright, SC, Larrick JW, inventors. 24 Kilodalton Cytoplasmic protease activating DNA fragentation in apoptosis. Issued USA Patent #5,605,826, February 25, 1997.

P25. Larrick JW, Wright SC. Methods and compositions for detecting lipopolysaccharides using CAP18 fragments. Issued USA Patent #5,618,675. April 8, 1997.

P26. Wang Y, Wright SC, Larrick JW, inventors. DNA-binding indole derivatives, their prodrugs and immunoconjugates as anticancer agents. Issued USA Patent #5,843,937. December 1, 1998.

P27. Wright SC, Larrick JW, inventors. Assay for inhibitors of a 24KD cytoplasmic protease which activates DNA fragmentation in apoptosis. Issued USA Patent #5,952, 189. September 14, 1999.

P28. Y. Wang, W. Ye, J. W. Larrick, J. S and Stamler, S. A. Lipton: Aminoadamantane derivatives as therapeutic agents. US 09/510,099, 2000, pending. WO0162706, August 30, 2001.

P29. S. C. Wright, Y. Wang, and J. W. Larrick: Novel peptide inhibitors of staphylococcus virulence. US 60/181,629, 2000, pending, WO0158471, August 16, 2001.

P30. Bispecific antibodies. Lee; Randall J., Larrick; James; ; Lum; Lawrence G.

P31. Novel immunoadhesins for treating and preventing toxicity and pathogen-mediated diseases.Larrick; James W., Wycoff; Keith L.

P32. Super-humanized antibodies against respiratory syncytial virus. Wilson, David S.,Nock, Steffen, Larrick, James W.

P33. Method of targeting a therapeutic agent. Went, Gregory T., Wasley, Jan WF ; Lipton, Stuart A., Larrick, James W.; (Woodside, CA) ; Meyerson, Laurence R.

P34. Cell-killing molecules and methods of use thereof. Wright, Susan C.; (Saratoga, CA) ; Larrick, James W., Wilson, David S., Nock, Steffen R.

P35. Affinity maturation by competitive selection. Balint, Robert F.; (Palo Alto, CA) ; Her, Jeng-Horng; (San Jose, CA) ; Larrick, James W.

P36. Compositions and methods for increasing the sensitivity of apoptosis-resistant tumor cells to inducers of apoptosis. Wang, Yuqiang, Wright, Susan C., Larrick, James W.; (Woodside, CA)

P37. Antioxidant nitroxides and nitrones as therapeutic agents Wang, Yuqiang; ; Larrick, James W.

P38. Aminoadamantane derivatives as therapeutic agents. Wang, Yuqiang, Ye, Wenqing, Larrick, James W., Stamler, Jonathan S.,Lipton, Stuart A.

P39. Novel amino acid and peptide inhibitors of Staphylococcus virulence. Wright, Susan C., Larrick, James W., Wang, Yuqiang;

LATEST LIST:

1	8,906,951	Use of NK-1 receptor antagonists in pruritus
2	8,889,140	Compositions and methods for tissue repair
3	8,541,014	Gamma-tocopherol therapy for restenosis prevention
4	8,425,914	Methods for enhanced somatostatin immunogenicity in the treatment of obesity
5	8,367,073	Chloramphenicol acetyl transferase (CAT)-defective somatostatin fusion protein and uses thereof
6	8,101,199	Des-methyl-tocopherol therapy for restenosis prevention
7	7,951,378	Immunoadhesin comprising a chimeric ICAM-1 molecule produced in a plant
8	7,943,143	Chloramphenicol acetyl transferase (CAT)-defective somatostatin fusion protein and uses thereof
9	7,722,881	Chloramphenicol acetyl transferase (CAT)-defective somatostatin fusion protein and uses thereof
10	7,326,730	Aminoadamantane derivatives as therapeutic agents
11	6,852,889	Antioxidant nitroxides and nitrones as therapeutic agents

12	6,717,012	Antioxidant nitroxides and nitrones as therapeutic agents
13	6,620,845	Aminoadamantane derivatives as therapeutic agents
14	6,444,702	Aminoadamantane derivatives as therapeutic agents
15	6,291,431	Methods and compositions for the treatment and prevention of Staphylococcal infections
16	6,114,149	Amplification of mixed sequence nucleic acid fragments
17	6,103,888	Mammalian cationic proteins having lipopolysaccharide binding and anti-coagulant activity
18	6,022,953	Multifunctional M-CSF proteins and genes encoding therefor
19	5,952,189	Assay for inhibitors of a 24 kD cytoplasmic protease which activates DNA fragmentation in apoptosis
20	5,843,937	DNA-binding indole derivatives, their prodrugs and immunoconjugates as anticancer agents
21	5,670,151	Method for controlling hyperproliferative diseases
22	5,618,675	Methods and compositions for detecting lipopolysaccharides using CAP18 fragments
23	5,605,826	24 kilodalton cytoplasmic protease activating DNA fragmentation in apoptosis
24	5,567,611	Multifunctional M-CSF proteins and genes encoding therefor

25	5,440,022	Hepatokine and methods for its use
26	H1,198	Pseudomonas aeruginosa type-specific human monoclonal antibodies, their preparation and use
27	5,001,065	Human cell line and triomas, antibodies, and transformants derived therefrom
28	4,950,598	Process for making T cell hybridomas
29	4,897,466	Human lymphoblastoid cell line and hybridomas derived therefrom
30	4,764,465	Human monoclonal antibody against group A red blood cells
31	H494	Pseudomonas aeruginosa type-specific murine monoclonal antibodies, their preparation and use
32	4,684,623	Use of tumor necrosis factor as a weight regulator
33	4,677,070	Pseudomonas aeruginosa exotoxin A antibodies, their preparation and use
34	4,624,921	Human lymphoblastold cell line and hybridomas derived therefrom

PATENT APPLICATIONS

	PUB. APP. NO.	Title
1	20150104478	COMPOSITIONS AND METHODS FOR TISSUE REPAIR
2	20150057255	USE OF NK-1 RECEPTOR ANTAGONISTS IN PRURITUS
3	20150024500	METHODS AND COMPOSITIONS FOR PRODUCING DOUBLE ALLELE KNOCK OUTS
4	20140378521	USE OF NK-1 RECEPTOR ANTAGONISTS IN PRURITUS
5	20140155285	NOVEL CELL LINE SCREENING METHOD
6	20130309290	GAMMA-TOCOPHEROL THERAPY FOR RESTENOSIS PREVENTION
7	20130149332	Methods for Enhanced Somatostatin Immunogenicity in the Treatment of Obesity
8	20120323310	GAMMA-TOCOPHEROL THERAPY FOR RESTENOSIS PREVENTION
9	20120076806	Chloramphenicol Acetyl Transferase (CAT)-Defective Somatostatin Fusion Protein And Uses Thereof
10	20120076786	BISPECIFIC ANTIBODIES
11	20110195080	Compositions and Methods for Enhanced Somatostatin Immunogenicity in the Treatment of Growth Hormone and Insulin-Like Growth Factor One Deficiency

12	20100291080	COMPOSITIONS AND METHODS FOR TISSUE REPAIR
13	20100136037	Chloramphenicol Acetyl Transferase (CAT)-Defective Somatostatin Fusion Protein And Uses Thereof
14	20100015143	Compositions and Methods Relating to Modulation of Immune System Components
15	20090324629	CHLORAMPHENICOL ACETYL TRANSFERASE (CAT)-DEFECTIVE SOMATOSTATIN FUSION PROTEIN AND USES THEREOF
16	20090068181	BISPECIFIC ANTIBODIES
17	20080219999	Immunoadhesin for the prevention of rhinovirus infection
18	20080183003	AMINOADAMANTANE DERIVATIVES AS THERAPEUTIC AGENTS
19	20070118934	Chimeric toxin receptor proteins and chimeric toxin receptor proteins for treatment and prevention of anthrax
20	20070037739	Compounds useful in coating stents to prevent and treat stenosis and restenosis
21	20070014827	Gamma-tocopherol therapy for restenosis prevention
22	20060106222	Aminoadamantane derivatives as therapeutic agents
23	20060088883	Recombinant catalytic polypeptides and their uses

24	20060018897	Bispecific antibodies
25	20060015969	Novel immunoadhesins for treating and prventing toxicity and pathogen-mediated diseases
26	20050288491	Super-humanized antibodies against respiratory syncytial virus
27	20050124701	Method of targeting a therapeutic agent
28	20040191843	Cell-killing molecules and methods of use thereof
29	20040186320	Antioxidant nitroxides and nitrones as therapeutic agents
30	20040029929	Aminoadamantane derivatives as therapeutic agents
31	20030207933	Compositions and methods for increasing the sensitivity of apoptosis-resistant tumor cells to inducers of apoptosis
32	20030050248	Novel amino acid and peptide inhibitors of Staphylococcus virulence
33	20030045574	Antioxidant nitroxides and nitrones as therapeutic agents
34	20030008889	Aminoadamantane derivatives as therapeutic agents
35	20020168367	Novel immunoadhesins for treating and preventing viral and bacterial diseases
36	20020155502	Affinity maturation by competitive selection

www.ingramcontent.com/pod-product-compliance
Lightning Source LLC
Chambersburg PA
CBHW081752100526
44592CB00015B/2406